# Kleine Einführung in die
# Angewandte Ethik

Walter Schweidler

# Kleine Einführung in
# die Angewandte Ethik

Walter Schweidler
Eichstätt, Deutschland

ISBN 978-3-658-14031-1   ISBN 978-3-658-14032-8  (eBook)
https://doi.org/10.1007/978-3-658-14032-8

Die Deutsche Nationalbibliothek verzeichnet diese Publikation in der Deutschen Nationalbibliografie; detaillierte bibliografische Daten sind im Internet über http://dnb.d-nb.de abrufbar.

Springer VS
© Springer Fachmedien Wiesbaden GmbH 2018
Das Werk einschließlich aller seiner Teile ist urheberrechtlich geschützt. Jede Verwertung, die nicht ausdrücklich vom Urheberrechtsgesetz zugelassen ist, bedarf der vorherigen Zustimmung des Verlags. Das gilt insbesondere für Vervielfältigungen, Bearbeitungen, Übersetzungen, Mikroverfilmungen und die Einspeicherung und Verarbeitung in elektronischen Systemen.
Die Wiedergabe von Gebrauchsnamen, Handelsnamen, Warenbezeichnungen usw. in diesem Werk berechtigt auch ohne besondere Kennzeichnung nicht zu der Annahme, dass solche Namen im Sinne der Warenzeichen- und Markenschutz-Gesetzgebung als frei zu betrachten wären und daher von jedermann benutzt werden dürften.
Der Verlag, die Autoren und die Herausgeber gehen davon aus, dass die Angaben und Informationen in diesem Werk zum Zeitpunkt der Veröffentlichung vollständig und korrekt sind. Weder der Verlag noch die Autoren oder die Herausgeber übernehmen, ausdrücklich oder implizit, Gewähr für den Inhalt des Werkes, etwaige Fehler oder Äußerungen. Der Verlag bleibt im Hinblick auf geografische Zuordnungen und Gebietsbezeichnungen in veröffentlichten Karten und Institutionsadressen neutral.

Gedruckt auf säurefreiem und chlorfrei gebleichtem Papier

Springer VS ist Teil von Springer Nature
Die eingetragene Gesellschaft ist Springer Fachmedien Wiesbaden GmbH
Die Anschrift der Gesellschaft ist: Abraham-Lincoln-Str. 46, 65189 Wiesbaden, Germany

# Inhalt

| | |
|---|---|
| Vorwort | 9 |
| 1 Einleitung: zur Anleitung | 11 |
| 2 Was es heißt, ethisch zu denken | 33 |
| 2.1 Der ethische Gesichtspunkt | 33 |
| 2.2 Der ethische Standpunkt | 35 |
| 2.2.1 Der Ansatz der Handlungsethik | 38 |
| 2.2.2 Der Ansatz der Lebensethik | 43 |
| 2.2.3 Begründungsprobleme der Handlungsethiken | 45 |
| 2.2.4 Fazit | 52 |
| 2.3 Gerechtigkeit als Kategorie der Handlungsbeurteilung | 56 |
| 2.3.1 Der lebensethische Kern des Gerechtigkeitsbegriffs | 56 |
| 2.3.2 Neuere Ansätze zur ethischen Entfaltung des Gerechtigkeitsbegriffs | 57 |
| 2.3.3 Die Person als Vermittlungsinstanz von Leben und Gerechtigkeit | 62 |

3 Die Person als Sinnhorizont
humanen Handelns . . . . . . . . . . . . . . . . . . . . . . 69
3.1 Die negative Konstitution des Personbegriffs . . . . 69
3.2 Personalität und Menschenwürde . . . . . . . . . . . . 72
   3.2.1 Personalität und Interpersonalität . . . . . . . . 72
   3.2.2 Der Begriff der Menschenwürde . . . . . . . . . 75
3.3 Rechtfertigung und Verantwortung . . . . . . . . . . 79
   3.3.1 Person und Sache . . . . . . . . . . . . . . . . . . . 79
   3.3.2 Der Begriff der Vernunft . . . . . . . . . . . . . . 81
3.4 Nähe und Hilfe . . . . . . . . . . . . . . . . . . . . . . . . 83
   3.4.1 Der Begriff der Nähe . . . . . . . . . . . . . . . . . 84
   3.4.2 Der *Ordo amoris* . . . . . . . . . . . . . . . . . . . 85
   3.4.3 Der Begriff der Hilfe . . . . . . . . . . . . . . . . . 86

4 Wissenschaft, Technik und Medizin . . . . . . . . . . . 89
4.1 Wissenschaft und Leben . . . . . . . . . . . . . . . . . . 91
   4.1.1 Wissenschaft und Lebensbewältigung . . . . . 91
   4.1.2 Technik und Lebensbewältigung . . . . . . . . 96
   4.1.3 Die Rechenschaftspflicht
        der Wissenschaft . . . . . . . . . . . . . . . . . . . 101
4.2 Beginn und Ende personalen Lebens . . . . . . . . . . 102
   4.2.1 Die Unverfügbarkeit personalen Anfangs . . . 103
   4.2.2 Verhalten zum Ende personalen Lebens . . . . 109
   4.2.3 Die Euthanasieproblematik . . . . . . . . . . . . 117
4.3 Ärztliches Ethos und medizinische Forschung . . . . 121
   4.3.1 Stellenwert des ärztlichen Ethos . . . . . . . . . 121
   4.3.2 Unvertretbarkeit des ärztlichen Ethos . . . . . 122
   4.3.3 Grundelemente des ärztlichen Ethos . . . . . . 123
4.4 Herausforderungen des ärztlichen Ethos
   durch die medizinische Forschung . . . . . . . . . . . 126
   4.4.1 Reproduktionsmedizin . . . . . . . . . . . . . . . 127
   4.4.2 Ethische Problematik . . . . . . . . . . . . . . . . 127
   4.4.3 Gentechnologie . . . . . . . . . . . . . . . . . . . . 134
   4.4.4 Embryonenforschung . . . . . . . . . . . . . . . . 136

    4.4.5 Eingriff in die Keimbahn und
           Menschenzüchtung . . . . . . . . . . . . . . . . . 137
    4.4.6 Klonen von Menschen . . . . . . . . . . . . . . 138
    4.4.7 Zusammenfassung . . . . . . . . . . . . . . . . . 140

5   Gemeinschaft, Gesellschaft und Umwelt . . . . . . . 147
5.1 Ethik und Politik . . . . . . . . . . . . . . . . . . . . . . . 148
    5.1.1 Zuordnung in der Antike . . . . . . . . . . . . . 148
    5.1.2 Zuordnung in der Neuzeit . . . . . . . . . . . . 148
5.2 Der Eigenwert der Natur . . . . . . . . . . . . . . . . . 150
    5.2.1 Grenze zwischen Mensch und Natur . . . . . . 150
    5.2.2 Verhalten des Menschen zum Tier . . . . . . . . 156
    5.2.3 Mensch und Umwelt . . . . . . . . . . . . . . . . 160
5.3 Recht und Ordnung . . . . . . . . . . . . . . . . . . . . 161
    5.3.1 Recht und Gesetz . . . . . . . . . . . . . . . . . . 162
    5.3.2 Recht und Hilfe . . . . . . . . . . . . . . . . . . . 170
    5.3.3 Die soziale Ordnung . . . . . . . . . . . . . . . . 175
    5.3.4 Aspekte internationaler Ordnung . . . . . . . . 179
5.4 Menschliche Gemeinschaft . . . . . . . . . . . . . . . 182
    5.4.1 Der Sinn des Patriotismus . . . . . . . . . . . . . 182
    5.4.2 Die Verantwortung zwischen
           den Generationen . . . . . . . . . . . . . . . . . . 184

6   Wirtschaft und die Frage der Moral . . . . . . . . . . 187
6.1 Der Zusammenhang von Wirtschaft
    und Ethik . . . . . . . . . . . . . . . . . . . . . . . . . . . 188
    6.1.1 Begriff der Lebensverbesserung . . . . . . . . . 189
    6.1.2 Funktion der Ethik für die Wirtschaft . . . . . . 191
6.2 Tauschgerechtigkeit . . . . . . . . . . . . . . . . . . . . 192
    6.2.1 Arbeitsteilung und Tausch . . . . . . . . . . . . . 192
    6.2.2 Verstöße gegen Tauschgerechtigkeit . . . . . . 192
6.3 Preisgerechtigkeit . . . . . . . . . . . . . . . . . . . . . 193
    6.3.1 Objektive Preistheorie . . . . . . . . . . . . . . . 193
    6.3.2 Subjektive Preistheorie . . . . . . . . . . . . . . . 194

    6.3.3 Wettbewerb und Chancengleichheit ...... 195
    6.3.4 Korrekturprinzipien der Preisgerechtigkeit .. 195
6.4 Lohngerechtigkeit ....................... 197
    6.4.1 Arbeit und Freizeit .................. 197
    6.4.2 Bedeutung kultureller Tätigkeit ......... 199
    6.4.3 Grundprinzipien der Lohngerechtigkeit .... 200
6.5 Ethik in Unternehmen und Management ....... 201

7   Ethik im Zeitalter der Information und Medien ... 205
7.1 Moral im Informationszeitalter ............... 206
    7.1.1 Der Begriff der Information ............ 206
    7.1.2 Der Horizont des Informationszeitalters .... 207
    7.1.3 Der Unterschied zwischen Information
         und Wissen ...................... 210
7.2 Die Mediatisierung der Öffentlichkeit ......... 211
    7.2.1 Schein und Wirklichkeit .............. 212
    7.2.2 Infotainment ..................... 213
    7.2.3 Emotionale Überforderung ............ 215
    7.2.4 Das Verschwinden der Kindheit ......... 216
7.3 Grundansätze der Medienethik ............. 217
    7.3.1 Ausgangspunkte ................... 217
    7.3.2 Zwei Ansätze ..................... 218
    7.3.3 Publizistische Grundsätze ............. 219
    7.3.4 Grenzen der Informationspflicht ........ 220

Literaturverzeichnis ....................... 225

# Vorwort

Was in diesem Büchlein vorgelegt wird, ist ein Leitfaden zur Befassung mit den wichtigsten Problemen der angewandten Ethik für Leserinnen und Leser, die sich im Gewirr der sehr unterschiedlichen Themen und Prinzipien auf diesem Gebiet zurechtzufinden versuchen, um sich zu den sie interessierenden Fragen ein eigenes Urteil zu bilden. Als Autor kann man einen solchen Leitfaden nur als denjenigen aufzeichnen, anhand dessen man selbst zu den Ergebnissen gekommen ist, die man für richtig hält. Wenn und insoweit er für andere zur eigenen Urteilsbildung nützlich ist, dann hat er seine Aufgabe erfüllt, auch wenn sie nach vernünftiger und gewissenhafter Überlegung zu anderen Ergebnissen kommen sollten. Was ich mir mit diesem Leitfaden zum Ziel gesetzt habe, ist also weder eine in irgendeinem Sinne zu definierende Vollständigkeit in der Aufarbeitung der Fragen und Probleme noch die Propagierung einer von mir vertretenen „Letztbegründung" im Umgang mit ihrer Beantwortung und Lösung. Ich bin, wie ich in Abschnitt 2.2.4 kurz andeute, nicht einmal der Auffassung, dass Ethik als philosophische Disziplin im engeren Sinne der abschließende Horizont der Befassung mit dem ist, was nichtsdestoweniger in einem präzisen und legitimen Sinne heute „angewandte Ethik" genannt wird, sondern dass der Zugang zu deren Gebieten wesentlich von Ansätzen der Politischen und Rechtsphilosophie zu gewinnen ist. Vor diesem Hintergrund habe ich meine Ausgangsvoraussetzungen, von denen der hier hergestellte Zusammenhang bestimmt ist, in den Kapiteln 2 und 3 so gut wie möglich präzisiert, ohne eine bestimmte Denkrichtung dafür in Anspruch zu nehmen. Natürlich ist das, was ich hier vorlegen kann, auch von jeder Aufarbeitung des „aktuellen Forschungsstandes" in einem systematisch repräsentativen Sinne weit entfernt. Es ist das Ergebnis von zwei Jahrzehnten eigenständiger Befassung mit angewandter Ethik, die ich nicht als akademischer „Experte" auf diesen Gebieten, sondern als von ihrer öffentlichen Reflexion und Regelung betroffener Staatsbürger unternommen habe. Was ich vor allem weitergeben will, ist die Fähigkeit, den sehr heterogenen Stoff so zu gliedern, dass seine Rückbeziehung auf einige wenige, aber in allen Positionen und Auseinandersetzungen der angewandten Ethik relevante philosophische Ausgangsfragen und -entscheidungen möglich wird.

Ich danke für die technische Unterstützung und inhaltliche Mithilfe bei der Erarbeitung dieses Büchleins ganz herzlich Tobias Holischka, Michael Rasche, Sascha Albrecht, Katharina Zöpfl und Stina Büchl und ebenso für das geduldige und wohlwollende Interesse von Seiten des Verlags und namentlich Frank Schindler, ohne den ich mich dazu nicht entschlossen hätte.

Walter Schweidler

# 1 Einleitung: zur Anleitung

„Angewandte Ethik": ist das nicht ein Wort wie „weißer Schimmel"? Ethik ist die philosophische Begründung von Moral,[1] sie ist die kritische Auseinandersetzung mit normativen Ansprüchen, Regeln und Überzeugungen, also letztlich immer mit Forderungen und Annahmen, denen die Unterscheidung zwischen gut und schlecht, richtig und falsch, human und inhuman innewohnt, also mit „Praxis" im eminenten Sinne. Schon Aristoteles hat die Ethik bestimmt als die Denkweise, die nicht auf theoretische Einsichten über das gute Handeln, sondern darauf gerichtet ist, uns zu gut handelnden Menschen zu machen (vgl. Aristoteles: *Nikomachische Ethik* 1103b), und bis heute bildet sie Mitte und Grundlage des Teils der Philosophie, den wir den „praktischen" nennen. Was soll es da noch besagen, wenn man das „Angewandte" an ihr zur Kennzeichnung einer eigenen, und zwar einer ganz spezifischen, im heutigen Universitäts- und Wis-

[1] Zum systematischen und geschichtlichen Hintergrund der Ethik vgl. Spaemann, Robert. 2006. Was ist philosophische Ethik? In Ethik. Lehr- und Lesebuch, Hrsg. Ders./Walter Schweidler, S. 11–21. Stuttgart: Klett-Cotta. – Schweidler, Walter. 2014. Der gute Staat. Politische Ethik von Platon bis zur Gegenwart, 2. Auflage. Wiesbaden: Springer VS.

senschaftsbetrieb in höchst komplexen und institutionalisierten Formen etablierten Disziplin macht? Was also soll das genuin „Angewandte" an der Ethik sein?

Hier hilft eine kurze Sprachreflexion weiter. „Angewandt" ist in dem hier einschlägigen Sinn zunächst einmal nicht als Partizip Perfekt einer Vorgangsbeschreibung zu verstehen, wie etwa „angezündet" oder „angeschimmelt", sondern dient zur Kennzeichnung einer intentionalen Relation, also einer Beziehung zwischen unserem Bewusstsein und einem spezifischen Gegenstand, auf den es sich richtet – so wie man etwa von einer „angenommenen" Ursache oder einer „anzunehmenden" Absicht spricht. Die „Anwendung" spielt sich also „in" uns ab und ist zugleich notwendig bezogen auf einen Gegenstand (das Wort „Gegenstand" im weitesten, ganz formalen Sinne verstanden, so wie man vom Gegenstand unseres Wünschens oder einer Unterredung spricht) „außer" uns. Und mit dieser Feststellung sind wir schon ins Fadenkreuz der urtümlichsten philosophischen Auseinandersetzungen gestellt, auf die man sich ein paar Schritte weit einlassen muss, wenn man ins Denken der „angewandten Ethik" hineinkommen will.

Es gehört zu den fundamentalsten Einsichten aller bedeutenden philosophischen Richtungen der neueren Zeit, dass wir die Beziehung, die zwischen unserem Bewusstsein und seinem intentionalen Gegenstand besteht, keinesfalls mit einem Vorgang gleichsetzen dürfen, der „im" Bewusstsein (oder sogar „im" Gehirn) abläuft. „Anwenden" ist so wenig ein innerer Vorgang wie „Erkennen" oder „Wissen". Wenn ich (irrtümlich) sage, ich wisse, dass alle Schwäne weiß sind, dann spreche ich nicht über etwas, das in meinem Inneren (was immer das sein mag) abläuft, sondern über Schwäne, und ob ich es wirklich weiß, darüber entscheiden die Tatsachen und nicht mein Bewusstsein (oder gar mein Gehirn). Tatsache ist, dass es schwarze Schwäne gibt, und deshalb ist mein vermeintliches Wissen, was immer sich, wenn ich es äußere,

„in" mir abspielen mag, kein Wissen. Kein Vorgang also, sondern eine Beziehung ist ausschlaggebend, wenn es um solche intentionalen Relationen geht, und diese Beziehung ist durchaus komplex. Wenn ich das Wort „wissen" verwende, dann setze ich vieles voraus, das mir im Augenblick dieser Äußerung gar nicht bewusst ist, aber das dem, was mir von ihr bewusst ist, unterliegt wie das Fleisch meines Leibes seiner Haut: dass ich gelernt habe, was es heißt, zu „wissen", dass ich begründen kann, warum ich zu wissen glaube, dass es Methoden gibt, wie ich mein angenommenes Wissen überprüfen kann usw.

Und was heißt das nun für die „angewandte" Ethik? Es heißt zunächst einmal, dass die Frage, die über Sinn und Inhalt dieses Ausdrucks entscheidet, schlicht lautet: angewandt *worauf*? Ich muss also gewissermaßen nach dem Fleisch forschen, das der Haut unterliegt, auf der ich die Gegenstände vorfinde, die zur angewandten Ethik gehören.

Diese kurze sprachliche Reflexion mag im ersten Augenblick etwas redundant anmuten, aber sie ist von großer Bedeutung für die gesamte Denkweise, zu welcher die in diesem Buch skizzierte Methode anleiten soll. Denn mehr als eine Denkweise kann und soll hier ja nicht gelehrt werden. Philosophie ist, mit Kant gesprochen, Selbstdenken, und das heißt, ebenfalls mit Kant gesprochen: Man kann Philosophie überhaupt nicht lernen, sondern nur das Philosophieren.[2] Philosophieren aber beginnt – das ist der unleugbare Unterschied zu aller Wissenschaft – mit der Frage, was man eigentlich mit seinem Fragen will. Wir werden uns daher ein wenig damit aufhalten müssen, die Frage zu stellen, was die spezifisch philosophische, also die philosophierende Weise

---

2 „Es kann sich überhaupt keiner einen Philosophen nennen, der nicht philosophieren kann." (G. B. Jäsche [Hrsg.]: Immanuel Kants Logik. Ein Handbuch zu Vorlesungen [1800], A 26).

ausmacht, sich mit den Fragen der angewandten Ethik zu beschäftigen. Es ist tatsächlich so, dass die Rückbesinnung darauf, was man eigentlich tut und will, wenn man philosophisch über sie nachdenkt, den Quell- und Anfangspunkt jeder inhaltlichen Überlegung über die Probleme und Resultate der angewandten Ethik darstellt. Diese Rückbesinnung muss einem in Fleisch und Blut übergehen, wenn man sich in der unüberschaubaren Fülle und Komplexität der Gegenstände, um die es in der angewandten Ethik geht, nicht hoffnungslos verirren will. Die „Anwendung" der Ethik wird, wenn man sich, wie wir es jetzt und hier gerade getan haben, die Frage stellt, was man mit ihr eigentlich will und bezweckt, nicht zum Gegenstand irgendwelcher methodischer Vorüberlegungen gemacht, sondern sie, diese Anwendung, hat mit eben dieser Frage schon begonnen und muss immer von neuem von ihr ausgehen.

Worin also besteht, um bei unserer Metapher zu bleiben, das Fleisch, das den Gegenständen, die wir auf der Haut der angewandten Ethik vorfinden, gemeinsam unterliegt? Wo soll die organische Verbindung zu finden sein zwischen Fragen nach der Akzeptabilität embryonaler Stammzellforschung, der Bewertung von Tierversuchen für kosmetische Zwecke, der Grenzziehung zwischen unternehmerischer Freiheit und sozialer Ausbeutung, der Erlaubtheit staatlicher Hehlerei zum Zweck der Erzwingung von Steuerehrlichkeit oder der Legitimität journalistischen Informantenschutzes? Unsere Antwort auf diese Frage kann nicht in der Darlegung von Prinzipien, Normen oder „Werten" bestehen, sondern sie richtet sich auf das eine umfassende Element unseres Lebens und Zusammenlebens, das wie kein anderes jene Konvergenz von „Sein" und „Sollen" bedingt, ohne die es gar keinen Sinn hätte, von angewandter Ethik zu sprechen: das Gefüge der unser Leben bestimmenden *sozialen Verantwortung in Beruf, Amt und Rolle*. Fragen der angewandten Ethik sind Fragen, die sich uns stellen aufgrund der konkreten Entscheidungskompetenz, die wir als Träger solchermaßen institutionalisierter Verantwortung wahrnehmen müssen, also etwa als Ärzte, Pfleger, Pharmaproduzenten, Stromerzeuger, Verleger, Versicherungsvertreter, Verwaltungsbeamte, Abgeordnete, Eltern und Priester. Hier, auf diesem Feld der durch Beruf, Amt und Rolle konstituierten sozialen Verantwortung, in die wir durch unsere gesellschaftliche Existenz hineingewachsen, hineingestellt und mit der wir, ob wir wollen oder nicht, konfrontiert sind, hat die angewandte Ethik ihren „Sitz im Leben". Das also ist die Antwort auf unsere Frage nach dem, „worauf" die Ethik da angewendet wird: auf die konkrete, durch Beruf, Amt und Rolle verlangte Kompetenz, verantwortliche Entscheidungen zu treffen und sich und anderen die Gründe, die man für sie hat, zu Bewusstsein zu bringen.

Gründe zu nennen für das, was man tut: das ist wiederum die elementarste Definition von praktischer Rationalität. Angewandte Ethik ist *reflektierte praktische Rationalität in sozialen Verantwortungsstrukturen*. Nun sind wir also doch bei einer Definition gelandet, die so etwas wie ein Prinzip beinhaltet, eben das der praktischen Rationalität. Darum müssen wir uns sofort wieder daran erinnern, dass nicht die Formel, sondern der Weg entscheidend ist, auf dem wir zu ihr gelangt sind. Wir haben den Grund gesucht, aus dem wir uns mit „Angewandter Ethik" beschäftigen, und die Antwort auf diese Frage, die in diesem Buch vorgelegt wird, lautet eben, dass es unser Beruf und unsere Rolle in den sozialen Verantwortungsstrukturen sind, die dieser Suche ihren Antrieb geben. Das wesentliche an unserer Bestimmung der angewandten Ethik als reflektierter praktischer Rationalität ist daher nicht ihr abstrakter Inhalt, sondern der konkrete Schlüssel, den sie im Hinblick auf die Denkweise enthält, zu der hier angeleitet werden soll: „Angewandte" Ethik verlangt konstitutiv und essentiell, dass man sich *gedanklich in die Position eines*

*Trägers konkreter sozialer Verantwortung versetzt,* der die seine Kompetenz definierende Entscheidung zu begründen hat und zu rechtfertigen vermag. Wer über die Erlaubtheit von aktiver „Sterbehilfe" nachdenkt, der muss sich in den versetzen, der sie leistet, sich also fragen, was er *an seiner Stelle* zu tun hätte oder tun dürfte. Wer über die Grenzen der Beratungspflicht eines Kreditvermittlers in einer Bank nachdenkt, muss sich gedanklich an dessen Schreibtisch setzen. Wer wissen will, warum und nach welchen Maßstäben eine technologische Innovation auf ihre Umweltverträglichkeit zu prüfen ist, muss in Gedanken zu dem werden, der für diese Prüfung von Amts wegen verantwortlich ist. Und wer zu einem Urteil darüber kommen will, wo die Grenze zwischen dem Recht öffentlicher Persönlichkeiten auf ihre Privatsphäre und der „Informationspflicht" der Paparazzi verläuft, muss womöglich sogar mit der Frage anfangen, an wessen Stelle er sich eigentlich zu versetzen hat, um hier überhaupt ethische Maßstäbe anlegen zu können. Man könnte also, wenn das Wort nicht in einer bestimmten Phase des öffentlichen Diskurses schon ziemlich verhunzt worden wäre, sagen, dass es im ersten Schritt zur angewandten Ethik immer um persönliche „Betroffenheit" geht. Auf das Wort, das man wählt, kommt es aber letztendlich nicht an, wenn man nur den entscheidenden Punkt nicht vergisst, der damit markiert ist: Es geht um die Gründe, die man als verantwortlich Handelnder zu finden und zu geben hat, wenn man die für Beruf, Amt und Rolle spezifische Verantwortung wahrnimmt.

Dem geduldigen Leser[3] möge hiermit noch einmal beteuert sein, dass wir uns mit dieser Ausgangsbestimmung und

---

3   Und natürlich genauso der Leserin, die sich nicht daran stören möge, dass der Autor, da er in einem philosophischen Buch, das sich im Gespräch mit sich hervorbringt, immer exemplarisch den Leser in ihm selbst ansprechen muss, sich grammatikalisch zu seinem eigenen Geschlecht zu bekennen gezwungen sieht.

ihren Implikationen nicht im Bereich irgendwelcher Vorüberlegungen, sondern in der innersten Mitte der angewandten Ethik bewegen. Und das gilt auch und gerade, wenn ihm das bisher Gesagte ziemlich selbstverständlich, um nicht zu sagen banal erscheinen sollte. Praktische Philosophie ist in ihrem innersten Kern nichts anderes als Erinnerung an die Selbstverständlichkeit von etwas Selbstverständlichem, das in einer bestimmten Situation gleichwohl dieser Erinnerung an seine Selbstverständlichkeit bedürftig geworden ist. Wenn man daher das innere Band der angewandten Ethik knüpfen will, muss man nach der Eigenart der Situation fragen, die solche Besinnung auf die praktische Rationalität des Handelns in sozialen Verantwortungsstrukturen notwendig gemacht hat. Worin besteht jener selbstverständliche Faktor, den die angewandte Ethik nicht ersetzen, sondern an den sie nur erinnern kann und will und der doch gleichwohl der Erinnerung bedürftig geworden ist und sie also indirekt notwendig gemacht hat? Nun, er besteht in nichts anderem als eben dem, woran wir gerade erinnert worden sind: dass Beruf, Amt und Rolle originäre Quellen praktischer Rationalität sind! Genau der Schritt, den wir hier in unserem Kontext als ersten getan haben, ist der, dessen Selbstverständlichkeit der angewandten Ethik jenen „Sitz im Leben" zuweist, den sie gerade nicht hätte, wenn er uns noch wirklich selbstverständlich wäre. Die angewandte Ethik erinnert uns daran, dass uns der Grund und Inhalt unserer sozialen Verantwortung nicht als „Ethikern" wahrnehmbar wird, sondern eben als Ärzten, Unternehmern, Ingenieuren, Altenpflegern, Tierhaltern, Gemeinderäten, Verkäufern, Eltern oder Richtern. Angewandte Ethik ist gerade kein Sonderwissen, das von Experten gelehrt werden könnte, wenn Fragen auftauchen, die sich mit der normalen beruflichen und sozialen Kompetenz nicht mehr bewältigen lassen. Sie hat ihren Grund darin, dass wir wieder klar zu sehen und zu sagen vermögen, worin der Sinn der Ausübung unserer beruflichen oder sozialen Kompetenz besteht. Sie beginnt mit der Einsicht, dass sie sich nicht mit der „abstrakten" Entfaltung von Handlungsaufforderungen begnügen kann, auch wenn diese noch so einsichtig aus vorausgesetzten Prinzipien ableitbar sein mögen, sondern dass sie die Frage nach der Vermittlung ihrer Gründe mit der sozialen Wirklichkeit stellen muss. Die Situation, in die wir uns durch diese soziale Wirklichkeit gestellt sehen, ist das Blatt, dessen beide Seiten uns die Frage beantworten, warum es die „Angewandte Ethik" gibt und was sie will. Diese beiden für unsere Situation kennzeichnenden Faktoren sind, dass

- die Ethik heute einem spezifisch dynamischen Faktor unserer sozialen Verantwortung gerecht werden muss: Die Handlungsfelder, auf denen praktische Rationalität wirksam werden kann, sind wie unser gesamtes Leben durch die zunehmende Ausdifferenzierung gesellschaftlicher Rollen und Kompetenzen geprägt. Die ethische Verständigung in der funktonal differenzierten Gesellschaft kann nur die Verständigung über die Verantwortung sein, die alle Funktionsträger füreinander und trotzdem in wachsender Autonomie ihrer Realisierung übernehmen, indem sie ihre Berufs- und Rollenentscheidungen treffen. Insofern ist „angewandte" Ethik eine Differenzierungsleistung. Die Finger der ethischen Hand, die uns den Respekt vor Menschenrecht und Menschenwürde, Streben nach einem gelungenen Leben und Achtung voreinander gebietet, benötigen eine Art differenziertes *cluster* von Präzisionswerkzeugen, um auf die sich beständig verfeinernden und spezialisierenden Werkzeuge unseres Berufs- und Rollenlebens anwendbar zu werden.
- Aber als angewandte „Ethik" ist sie auch der Gegenzug zu dieser Differenzierungs-, ist sie also eine Integrationsleistung. Gerade weil es „den" Arzt nicht mehr gibt, der uns

mehr oder weniger ein Leben lang als Autorität begleitet, ebenso wenig wie „den" Lehrer oder „den" Familienvater, weil also unsere berufliche und soziale Verantwortung dazu tendiert, sich gewissermaßen zu modularisieren und uns zu Angehörigen eines großen, zunehmend unüberschaubaren „Teams" zu machen, die in sich wechselseitig steigernder Autonomie und gegenseitiger Angewiesenheit aufeinander ihre klar umgrenzte Kompetenz in ein soziales Ganzes einbringen, für das kein einzelner mehr die Universalverantwortung trägt, tritt neben die allerdings nicht entbehrliche traditionelle Grundfunktion der Morallehre, zur gemeinsamen Orientierung an uns verbindenden Normen, Regeln und „Werten" beizutragen, ganz entscheidend die Fähigkeit, die den Ausgangspunkt der angewandten Ethik bildet: den Blick über den Modulrand des eigenen Berufs und der eigenen Rolle auf den Blick des anderen zu richten, ja eigentlich mit dessen Augen zu sehen, sich also an seine Stelle zu versetzen und zu verstehen, was ihm (und damit indirekt einem selbst) seine Kompetenz und seine Verantwortung gebieten.

Angewandte Ethik ist also reflektierte praktische Rationalität unter den Bedingungen zunehmend sich ausdifferenzierender sozialer Verantwortungsfelder und der uns durch sie abverlangten *Integrations*leistung. Wieder müssen wir uns nur auf den so gefundenen intentionalen Ausdruck besinnen, um zum nächsten Schritt geleitet zu werden: Integration *wovon*? Was muss man in den Blick nehmen, um sich mit ethischer Perspektive an die Stelle eines Arztes, Abgeordneten, Managers oder Journalisten zu „versetzen"?

Die erste Antwort auf diese Frage besteht darin, sie zu korrigieren, denn sie muss sich auf den richten, *den* man hier in den Blick zu nehmen hat. Die soziale Verantwortung, die man aufgrund von Beruf, Amt und Rolle hat, wird entscheidend bestimmt durch den, für den man sie hat. Sie ist die Verantwortung des Arztes für den Patienten, des Regierenden für den Regierten, des Arbeitgebers für den Arbeitnehmer, des Journalisten für seinen Leser und so fort. Wer hier alles sonst noch zu nennen wäre, das soll an dieser Stelle nicht erörtert werden, und die Aufgabe, sich einen ersten Überblick darüber zu verschaffen, kann eigentlich bereits unserem Leser überlassen werden. In dieser Anleitung zum Selbstdenken kommt es vielmehr darauf an, uns auf den nächsten Gedankenschritt zu besinnen, den einem die „Anwendung" der Ethik abverlangt.

Nehmen wir dafür zur Veranschaulichung den einen, für die angewandte Ethik besonders exemplarischen, aber für sie auch insgesamt repräsentativen Fall, nämlich das Feld der „medizinischen Ethik": Wie integriert man in den Gedanken, mit dem man sich an die Stelle eines Arztes versetzt, seinen Patienten? Unsere Antwort auf diese Frage ist nun wieder von größter Bedeutung für alles, was ihr in diesem Buch noch folgen kann und wird, und es gehört zu den zentralen Einsichten, zu denen es anleiten will, dass genau hier, an der Stelle, an der wir uns jetzt befinden, entscheidende Weichenstellungen erfolgen, die für die Ergebnisse der angewandten Ethik und nicht zuletzt für die Kontroversen über diese Ergebnisse von ausschlaggebender Bedeutung sind. Die Antwort, auf die es uns hier so ankommt, ist nämlich von ganz spezifischer Komplexität.

Einfach wäre ja die Antwort, man müsse sich eben, so wie an die des Arztes, an die Stelle des Patienten versetzen. Diese Antwort würde aber unseren gesamten Gedankengang ad absurdum führen. Das wäre jedenfalls dann der Fall, wenn sie darauf hinausliefe, dass wir den Patienten als einen kranken, leidenden Menschen ins Auge zu fassen hätten, dessen Interesse darauf gerichtet ist, wieder gesund und vom Leiden befreit zu werden. Dass wir es dabei nicht belassen können, zeigt sich allein schon daran, dass insoweit der ethische Aspekt überhaupt nicht berührt wäre, denn ein Schmerz- oder Leidenszustand kann ja durch rein natürliche Prozesse überwunden werden, so wie etwa eine Wunde sich ohne jeglichen menschlichen Beistand von selbst wieder schließen kann. Moral kommt erst ins Spiel, wenn es nicht um Zustände, Wünsche, Interessen oder Vorgänge geht, sondern um das eine, das von Anfang bis Ende den Gegenstand moralischer Beurteilung bildet: um *Handlungen*. Moral also ist hier erst involviert, wenn es darum geht, wie man sich einem Kranken und Leidenden *gegenüber* zu *verhalten* hat; will man darüber etwas sagen, muss man aber auch schon den Horizont von dessen Interessen überschreiten und die der anderen, also derer, um deren Verhalten ihm gegenüber es geht, mit bedenken. Mit „angewandter" beziehungsweise, gemäß dem von uns gewählten Beispiel, mit „medizinischer Ethik" jedoch hätte auch das noch nichts zu tun. Sie ergibt sich aus der Perspektive nicht irgendeines mehr oder weniger empathischen Mitmenschen, sondern aus der des ihm *ex professo* verantwortlichen *Arztes* auf den Kranken. Die Integrationsleistung, die sie von uns verlangt, besteht also gerade nicht einfach darin, die Perspektive des Patienten als eines kranken und leidenden Menschen zur Geltung zu bringen, sondern eben als die eines „Patienten". Und die Perspektive des Patienten qua Patienten gibt es nur als die Perspektive auf das, wofür der Arzt qua Arzt ihm gegenüber verantwortlich ist.

Krank und leidend ist man als Naturwesen, aber Patient ist man nur, weil es Ärzte und also die kulturelle Institution des Arztberufs und der mit ihr verbundenen Rollenverteilung gibt. Hier muss man sich einfach an die wesenhafte Umkehrung erinnern, die im Verhältnis zwischen Natur und Kultur, zwischen der Ursache-Wirkungsbeziehung einerseits und der Grund-Folgebeziehung andererseits besteht. Auf der Ursachenebene gilt, dass natürlich die menschliche Gesellschaft den Arztberuf geschaffen hat, weil es Krankheit und Leiden gibt; aber das ist eine Feststellung über Ursache und Wirkung, und, unfühlsam wie die Natur nun einmal ist, kommt man auf dieser Ebene überhaupt nicht zu dem, was wir Verantwortung nennen. Verantwortung ist konstituiert durch rationale Entscheidung, also durch freies, das heißt natur*überschreitendes* Handeln, das wir nur auf der Ebene der bewusst gewählten Gründe, nicht der notwendig erlittenen Ursachen zu fassen vermögen. Ärzte gibt es, weil es Krankheit und Leiden gibt, aber „Patienten" gibt es nur, weil es den Arztberuf gibt, weil also die menschliche Gesellschaft eine Institution eingesetzt hat, welche die Verantwortung regelt, die der sie übernehmende, zur Heilung von Krankheit und Linderung von Leid kompetente Träger, mit ihr gegenüber denen übernommen hat, die seiner Kunst bedürfen.

Langer Rede kurzer Sinn: Medizinische Ethik beginnt dort, wo wir uns an die Stelle eines Arztes versetzen, der sich in die Perspektive seines Patienten versetzt und der damit konstituierten Verantwortung, diesen zu *behandeln,* gerecht werden muss. Erst diese doppelte Versetzung trägt uns über die Schwelle zur angewandten Ethik als philosophischer Denkweise. Dazu den Leser anzuleiten ist das Prinzip dieses ganzen Buches; also erstens: sich in die Perspektive des ethischen Verantwortungsträgers zu versetzen, und zweitens: sich *von dieser aus* in die dessen zu versetzen, für den die Verantwortung besteht. Alles andere ist Dilettantismus. Wo, zum Beispiel in einer Fernseh-Talkshow oder ähnlich geistig niederschmetternder Umgebung, darüber schwadroniert wird, ob jemand, der unerträglich leidet, das „Recht" habe, zu sterben, mag sich noch so viel gutwillige Mitmenschlichkeit äußern, Philosophie und damit angewandte Ethik wird erst berührt, wo der, der sich zu dieser Frage äußert, aus der Perspektive dessen spricht, der für die Gewährleistung jenes angeblichen „Rechts" verantwortlich wäre, also aus der Perspektive des Arztes, der den Patienten umzubringen hätte. Ohne korrespondierende

Pflicht hat es überhaupt keinen Sinn, von jemandes Recht zu sprechen. Auch die Menschenrechte gibt es nur in Relation zu einem Staat, der sie zu gewährleisten hat.

Wer sich auskennt, weiß natürlich, dass wir hier dem Leser auch manche Ausgangsentscheidungen offen legen, die philosophisch durchaus umstritten sind. Wir werden auf deren Begründung und damit auch ihren Inhalt im ganzen Buch immer wieder eingehen und zurückkommen. An dieser Stelle muss nur darauf hingewiesen werden, was sie *nicht* beinhalten. Unser Insistieren auf der Berufs- und Amtsperspektive bezweckt nicht etwa, an Stelle einer philosophischen Disziplin wie der medizinischen Ethik die Rückkehr zu einer mehr oder weniger traditionalen Standesethik zu propagieren. Das Gegenteil ist der Fall: Jener Differenzierungsfaktor, auf den wir als das notwendige Gegenstück zur uns abverlangten Integrationsleistung hingewiesen hatten, hat es gerade unmöglich gemacht, die Ethik des Arztes als eine Art geistiger Frucht zu verstehen, die er im Zuge seiner fachlichen und ständischen Bildung in unhinterfragter Selbstverständlichkeit zu pflücken bekommt. Weil die Differenz zwischen Arzt und Mediziner, die das eigentliche Thema und Prinzip der medizinischen Ethik ausmacht, eben nicht mehr selbstverständlicher Leitfaden der ärztlichen Bildung ist, gibt es sie, die medizinische Ethik als philosophische Disziplin, und bedeutet der Verzicht auf ihren expliziten Einbezug in die medizinische Ausbildung ein essentielles Defizit. Philosophische Reflexion, die das Selbstverständliche, das nicht mehr selbstverständlich ist, zu rekonstruieren versucht, würde sich, wenn sie zu dessen ursprünglicher Selbstverständlichkeit zurückzu(be)kehren versuchte, selbst aufheben und widerlegen.

Darum ist aber mit unserer Voraussetzung, dass man, um zur medizinischen Ethik zu gelangen, sich zuallererst in die Perspektive des Arztes versetzen muss, auch keinerlei Privilegierung von dessen Interessen verbunden. Im Gegenteil: Es gehört zur Einnahme der ethischen Perspektive, dass nicht nur der hypothetische Arzt, zu dem wir um ihretwillen werden müssen, sondern ganz genauso und keinen Deut anders auch der wirkliche Arzt oder die wirkliche Ärztin, die hoffentlich zu unseren Lesern zählen, von jeder Privilegierung der eigenen Interessen, zu der der Mensch von Natur aus geneigt ist, Abstand nehmen. Wir wissen natürlich und räumen ein, dass es philosophische Positionen gibt, die von der Annahme ausgehen, dass eine solche Distanzierung vom eigenen Interessenhorizont nicht möglich ist und Ethik darum nur als Theorie eines geregelten Interessenausgleichs zwischen egoistischen und mehr oder weniger konsensorientierten Individuen betrieben und verstanden werden könne. Unsere hier gegebene Anleitung geht davon aus, dass diese Positionen nicht das letzte Wort behalten, wenn man sich philosophisch auf die angewandte Ethik einlässt. Warum das so ist, werden wir mannigfach zu begründen haben, an dieser Stelle soll nur wiederum das *argumentum ad hominem* vorgetragen sein, dass es, wenn sie richtig wären, eben gar keine „angewandte Ethik" geben würde. Wäre Moral nichts als ein geregelter Interessenausgleich und Ethik folglich die Theorie von dessen Regelung, dann könnten und müssten wir eigentlich Ethik vollumfänglich durch Ökonomie ersetzen. Eben darauf läuft in letzter Konsequenz der Utilitarismus, der sich heute der angewandten Ethik in altbewährter usurpatorischer Manier zu bemächtigen im Begriff ist, hinaus. Wenn die Beantwortung der Frage, ob ein leidender oder auch ein nur des Lebens überdrüssiger Mensch von einem anderen umgebracht werden dürfen solle, eine Sache bloßer Interessenabwägung wäre, dann bedürfte es schlicht keiner „medizinischen" Ethik, um diese Antwort philosophisch zu explizieren und zu begründen. Dann gäbe es eben nur den einen unteilbaren Monolithen der quantitativen, möglichst noch mathematisch kalkülisierbaren Interessenabwägung, dessen „Anwendung" auf das eigene Handeln Ärzten, Abgeordneten, Managern oder Journalisten wie jedem anderen Individuum ohne Rücksicht auf die spezifische ethische Dimension je seiner beruflichen Verantwortung anheim gestellt wäre. Wie gesagt, läuft unsere Argumentation an dieser Stelle noch nicht darauf hinaus, dass die Idee eines solchen homogen-quantitativen Interessenabwägungs- und Folgenabschätzungsmonolithen falsch sein müsste, aber doch darauf, dass es, wenn sie richtig wäre, „angewandte Ethik" als reflektierte praktische Rationalität auf der Basis sozialer Verantwortungsstrukturen nicht gäbe. Denn es sind genau diese Strukturen, deren Pluralität und Eigenart die Disziplinen der angewandten, von der medizinischen über die politische und die ökonomische bis zur journalistischen Ethik, überhaupt erst konstituiert.

Diese Einsicht muss uns allerdings zu einer weiteren und letzten Abgrenzung veranlassen: Mit dem Plädoyer gegen die utilitaristische Homogenisierung und Quantifizierung der Kriterien guten bzw. schlechten Handelns und für einen ethischen Urteilshorizont, der über den der Interessen der Individuen, die an einer Handlung und ihren Folgen beteiligt oder davon betroffen sind, hinausgeht, stellen wir uns weder in den Dienst eines mutmaßlich Kantischen Rigorismus noch einer religiös bedingten Glaubensbekundung. Wir stützen uns vielmehr nur auf jenes eine „Organ" in uns, welches das Individuellste an jedem menschlichen Individuum ist und doch zugleich den Inbegriff des Nichtegoistischen in unserem Dasein darstellt: das *Gewissen*. Auch dies ist keine Bemerkung, mit der wir den Leser auf etwas vorbereiten, das in diesem Buch noch kommen soll, sondern eine, die ihn im buchstäblichen Sinn des Wortes „bemerken" lässt, was von der ersten Zeile an hier schon vor sich gegangen ist. Reflektierte praktische Rationalität, die den innersten Kern der reflektierenden Person an- und ausspricht, ist Gewissenserforschung. Das Gewissen aber führt konstitutiv zu der Frage, die jeden Horizont bloßer

Interessenkoordination und ihrer Regelung übersteigt, nämlich der Frage: Was *soll* mein Interesse sein? Wer bestreitet, dass es auf diese Frage eine rationale Weise des Antwortens gibt, kommt genauso wenig in die angewandte Ethik hinein wie der, welcher sich nicht in der von uns skizzierten doppelten Weise in die Perspektive der sozial konstituierten Handlungsverantwortung zu versetzen vermag. Nur beides zusammen bildet die Ausgangsbasis und das Gelingensprinzip der Reflexion, zu welcher wir hier anleiten wollen.

Damit erst haben wir die beiden untrennbaren und unverschmelzbaren Seiten des Blattes vor uns, auf dem uns die Botschaft der angewandten Ethik allein lesbar wird. Die eine bewahrt uns vor dem Utilitarismus, die andere vor jedem Rigorismus, der nur von einem zeit- und ortsenthobenen transzendentalen Subjekt oder einem dogmatisch postulierten transzendenten Weltenlenker her zu inspirieren wäre. Der Rigorismus ist ja, wenn er mit der einen und einzigen Frage: *Was hätte jeder an meiner Stelle zu tun?* das Prinzip der ethischen Reflexion für abschließend formuliert erachtet, das monolithische Gegenstück zum Utilitarismus. Genau den Platz, den der eine für das übermenschliche Subjekt und der andere für die Gesamtsumme der menschlichen Interessen reklamiert, sind wir in der angewandten Ethik *nicht* zu räumen bereit. In ihr fragen wir: Was hätte *ich* an der Stelle dessen zu tun, der als Arzt, als Politiker, als Unternehmer oder als Journalist die Verantwortung wahrnimmt, in die ihn sein Beruf, sein Amt und seine Rolle gestellt haben. Ihr „Sitz im Leben" wird der angewandten Ethik durch *verantwortungsinduzierte Gewissenskonflikte* gewiesen, mit denen kein Rigorismus und kein Utilitarismus fertig wird. Thomas von Aquin hat für sie in der *Summa theologica* das klassische Beispiel genannt (vgl. *S. th.* I–II.19.5 resp.): Wenn der Richter den Angeklagten bestrafen und die Ehefrau ihn vor der Strafe retten will, dann folgen beide ihrem Gewissen, und das zu Recht. Das bedeutet weder bei Thomas noch für uns, dass mit der Feststellung eines solchen verantwortungsinduzierten Gewissenskonflikts die Aufgabe der angewandten Ethik etwa beendet wäre, sondern nur, dass sie ihr damit gestellt ist. Es bedeutet aber zu guter Letzt auch den Hinweis auf jenen „hermeneutischen" Gesichtspunkt, der für uns, wenn wir uns dieser Aufgabe zuwenden, eine große Entlastung beinhaltet und auch unsere kurze sprachliche Reflexion vom Anfang dieser einleitenden Bemerkungen erst noch zum wirklichen Abschluss bringt: Es gibt doch und ganz wesentlich jene zeitliche Konstitutionsbedingung, die sich in der partizipialen Form des Begriffs der „angewandten" Ethik ausdrückt. Sie besteht schlicht darin, dass die Botschaft, um die es hier geht, eben in unseren Berufen, Ämtern und Rollen, *schon da ist,* dass wir sie nicht wie ein utilitaristischer Universalteleologe oder ein rigoristischer Systemkonstrukteur zu kreieren, sondern nur als gewissenhafte und verantwortliche Bürger durch unser Leben zu lesen und auszulegen bekommen haben. Zu nicht mehr und nicht zu weniger ist hier anzuleiten.

### Überleitung: Zur Begriffsbestimmung

Ein klassisches Wort von Konfuzius besagt, das Wichtigste im Denken sei, die Begriffe richtig zu stellen.[4] Wie wichtig und treffend diese Einsicht ist, wird sich bei unseren Erörterungen auf Schritt und Tritt erweisen. Es gibt keine „wertfreie" Beschreibung von sozialer und kultureller Wirklichkeit. Die meisten von uns, die sich heute gegenseitig als „Damen" und „Herren" anreden, wären noch vor zweihundert Jahren nicht so betitelt worden. Leistungsträger oder Besserverdiener, Freiheitskämpfer oder Terrorist, Begabtenförderung oder Elitenbildung: In sozialen Kontexten enthalten die Bezeichnungen

---

4 Konfuzius. Gespräche (Lun Yü). Nach der engl. Übers. v. J. Legge; hrsg. v. Klaus Bock. Kettwig: Phaidon 1989; Buch 13.3/S. 154.

für das, worüber wir reden, immer schon die Auffassungen, die wir davon haben. In gesellschaftlichen Zusammenhängen gehen in die Begriffe, mit denen man sich innerhalb ihrer bewegt und auf sie bezieht, die Ergebnisse geschichtlicher Auseinandersetzungen und aus ihnen gewonnener Einsichten ein. Wer an diesen Ergebnissen etwas ändern will, kann es nur tun, indem er sich zunächst einmal der sie enthaltenden Begriffe bedient. Wir sind, wie Otto Neurath (1932/33, S. 206) einmal im Blick auf die naturwissenschaftliche Tätigkeit gesagt hat, in all diesen Zusammenhängen wie Schiffer, die das Boot, in dem sie sitzen, nur aus den Planken reparieren können, die sie aus seinem Holz selbst herausgeschnitten haben. Darum kann man auch in die angewandte Ethik nicht von einem *„view from nowhere"* (Nagel 1989) aus einführen, sondern man kann nur Ergebnisse präsentieren, zu denen sie – wie „man" sie versteht – gekommen ist. Man kann nur und muss also darlegen, was sich einem im Licht vernünftiger Argumentation und Begriffsbestimmung als die Einsicht darstellt, zu der die ethischen Überlegungen auf den Feldern geführt haben, die für die „Anwendung" der Ethik in dem in unserer Einleitung skizzierten Horizont vor allem relevant sind. In diesem Sinne wird unsere Darstellung in den folgenden Schritten vor sich gehen:

Das 1. Kapitel umkreist den *Begriff der angewandten Ethik* und bestimmt in Ergänzung der modernen Handlungsethik die Grundlagen einer an antiken Vorbildern ausgerichteten lebensethischen Konzeption.

Das 2. Kapitel führt den für die Lebensethik zentralen *Begriff der Person* im Zusammenhang von Interpersonalität, Menschenwürde, Rechtfertigung, Verantwortung und Nähe ein.

Das 3. Kapitel thematisiert den Begriff der *medizinischen und Bioethik* und der ethischen Auseinandersetzung mit Wissenschaft und Technik.

Das 4. Kapitel fragt nach dem *Zusammenhang von Ethik und Politik* und erörtert diesen an den Problemkreisen von Mensch und Natur, Mensch und Gesellschaft, Mensch und Gemeinschaft.

Das 5. Kapitel stellt die Funktionsbedingungen der Wirtschaft in den Blickwinkel einer *wirtschaftsethischen* Beurteilungs- und Rechtfertigungsverpflichtung.

Das 6. Kapitel ist der *medienethischen* Auseinandersetzung mit den Problemen gewidmet, die die modernen Massenmedien durch die Art und Weise ihrer Informationsgewinnung und -verbreitung mit sich bringen.

Was wir in diesen Kapiteln vortragen, wird auf der Basis begrifflicher Explikation den Anspruch auf richtige, intersubjektiv begründbare Einsicht und damit auf *Wahrheit* erheben. Wer schon vor dem Wort „Wahrheit" zurückschreckt, befindet sich in einem für philosophische und wissenschaftliche Denkanstrengung ungeeigneten Zustand. Ohne Bezugnahme auf den Unterschied zwischen Wahr und Falsch ist schon das Wort „Wissen" unverstehbar. Wie wir bereits in der Einleitung gesehen haben, ist dieses Wort in höchstem Maß intentional aufgeladen. Ob man etwas „weiß" oder nicht, entscheiden die Tatsachen. Man kann nicht „wissen", dass 3 + 3 = 7 ist. Man kann nur wissen, was wahr ist, oder vielmehr andersherum und sachgemäß ausgedrückt: In dem Wort „wissen" haben wir in unsere Sprache schon den Anspruch integriert, zwischen Wahrem und Falschem unterscheiden zu können. Das gilt, nebenbei bemerkt, in wesentlichen Hinsichten genauso für das Wort „lernen". Man kann nicht „lernen", dass 3 + 3 = 7 ist. Ein Dummkopf kann es uns „beibringen", aber nicht lehren. Deshalb ist übrigens auch die Idee, es komme als Grundlage des Unterrichts vorrangig darauf an, „das Lernen" zu lehren, ignorant und irreführend. Ob man richtig gelernt hat, entscheidet sich zuletzt allein daran, ob man das Richtige gelernt hat.

Genauso wahr und richtig ist es allerdings, dass wir als

Menschen immer und immer wieder zu der Einsicht gelangen, dass wir das, was uns als wahr erschienen ist, nur „zu wissen glaubten".[5] Vor jedem Dogmatismus schützt uns die Einsicht, dass es undenkbar ist, dass wir jemals die Differenz zwischen wirklicher und vermeintlicher Wahrheit aus der Welt schaffen könnten. Wir werden nie „beweisen" können, dass das, was wir als wahr erkannt haben, sich niemals als etwas herausstellen wird, das wir nur für die Wahrheit hielten. Denn wie sollte sich dies beweisen lassen? Wir müssten eine Verbindung zwischen dem, was wir für wahr halten und dem, was wahr ist, entdecken, die sich als wahr herausstellt, und um zu sichern, dass diese Verbindung wirklich besteht und nicht nur von uns für wirklich bestehend gehalten wird, müssten wir auf nächsthöherer Ebene eine Verbindung zwischen dieser Verbindung und uns entdecken und so weiter *ad infinitum*. Das heißt: Der Gedanke eines endgültig als wahr erkannten Wahrheitsinhalts hebt sich auf, er ist selbst falsch. Mit dieser Einsicht haben wir jedoch schon wieder den Unterschied zwischen Wahr und Falsch gemacht, haben wir also die Grundstruktur unseres Denkens, die durch die Differenz von Wahr und Falsch konstituiert wird, auf dieses Denken angewandt. Um in Neuraths Bild zu bleiben: Wir können nicht sicher sein, dass irgendeine Planke unseres Boots, und sei sie noch so weit in seinem Innersten, an seinem tragenden Boden verankert, niemals wird ausgewechselt werden müssen, aber das ändert nichts daran, dass wir in eben diesem Boot sitzen und ohne es zum Untergang verurteilt wären. Etwas weniger bildhaft ausgedrückt: Die Einsicht, dass etwas, das wir für wahr hielten falsch war, wird immer eine wahre Einsicht sein

---

5  Die philosophisch großartigste Auseinandersetzung mit diesem gesamten Zusammenhang findet sich in unübertrefflicher Knappheit und Klarheit bei Wittgenstein, Ludwig. 1970. *Über Gewißheit*, Frankfurt a. M.: Suhrkamp.

und indirekt die Wahrheit bestätigen, dass es den Unterschied zwischen Wahr und Falsch gibt. Dem, der hier die Nachtigall einer gewissen wissenschaftstheoretischen Position trapsen hört, sei sofort gesagt, dass dies keinerlei Bekenntnis zu Poppers „Falsifikationismus" ist, sondern allenfalls zu dem Wort von Thomas S. Kuhn: „Wenn wir lernen könnten", so lautet die abschließende Botschaft seines Essays, der zu den größen Werken der Philosophie des zwanzigsten Jahrhunderts gehört, „die Entwicklung-von-dem-aus-was-wir-wissen an die Stelle der Entwicklung-auf-das-hin-was-wir-wissen-möchten zu setzen, würde vielleicht eine Anzahl lästiger Probleme verschwinden." (Kuhn 1976, S. 174 f.) Die Wahrheit ist nichts, dem wir uns als einem noch ausstehenden zukünftigen Offenbarungsschatz „annähern", sondern der Lebensgrund, von wir als Menschen immer nur ausgehen und zu dem wir uns durch den durch jede Zeit neu induzierten Irrtum hindurch wieder zurückwenden können. Mit und in der Wahrheit steht unser eigenes Dasein auf dem Spiel, in und mit ihr bewahren wir uns selbst. Aus diesem Satz folgt nun aber auch im Umkehrschluss: Wo die Bewahrung unseres, des menschlichen Daseins auf dem Spiel steht, dort stoßen wir auf den Grund, aus dem die Differenz zwischen Wahr und Falsch beruht, also auf die Quelle, aus der sogar die uns erkennbare Wahrheit noch entspringt und für die Wittgensteins Wort gilt: „Wenn das Wahre das Begründete ist, dann ist der Grund nicht *wahr, noch falsch.*" (Wittgenstein 1970, § 205) Die Bewahrung unseres Daseins ist die Tat, die wir an die Stelle zu setzen vermögen, an der die Beweiskraft unserer Argumente endet, weil wir auf das an unserem Leben gestoßen sind, woraus alles Argumentieren und Beweisen noch hervorgeht.

Von dem so skizzierten Gedanken her sind nun auch die folgenden Darlegungen zu den wichtigsten Inhalten der „angewandten Ethik" getragen. Wer sich mit ihnen auseinandersetzt, kann und wird zweifellos zu manch unterschiedlicher

Einschätzung gelangen; aber er wird es, so die Überzeugung des Autors, aufgrund jener durch das menschliche Dasein konstituierten Beziehung zwischen Denken und Wahrheit tun, um die es in der Darlegung dieser Inhalte jenseits aller Einzelheiten geht.

Hiermit ist nun auch die Stelle markiert, an der wir den Plauderton verlassen dürfen und müssen, um mit den hier dargelegten Ergebnissen indirekt das vorzutragen, um dessentwillen sie uns dazu geführt haben, in sie einzuführen.

**Verwendete Literatur**

Aristoteles. 2001. *Nikomachische Ethik*. Düsseldorf: Artemis & Winkler.

Jäsche, Gottlieb Benjamin (Hrsg.). 1801. *Immanuel Kants Logik. Ein Handbuch zu Vorlesungen*. Königsberg: Reutlinger Nachdruck.

Kuhn, Thomas S. 1976. *Die Struktur wissenschaftlicher Revolutionen*, 2. Aufl. Frankfurt a. M.: Suhrkamp.

Nagel, Thomas. 1989. *The view from Nowhere*. Oxford: University Press.

Neurath, Otto. 1932/33. Protokollsätze. In *Erkenntnis*, Bd. 3: S. 204–214.

Schweidler, Walter. 2014. *Der gute Staat. Politische Ethik von Platon bis zur Gegenwart*, 2. Aufl. Wiesbaden: Springer VS.

Spaemann, Robert. 2006. Was ist philosophische Ethik? In *Ethik. Lehr- und Lesebuch*, Hrsg. Ders./Walter Schweidler, S. 11–21. Stuttgart: Klett-Cotta.

Thomas von Aquin. 1990. *Über die Sittlichkeit der Handlung*. Summa Theologiae I–II q. 18–21. Einleitung von R. Spaemann. Übersetzung und Kommentar von R. Schönberger. Weinheim: Acta Humaniora.

Wittgenstein, Ludwig. 1970. *Über Gewißheit,* Frankfurt a. M.: Suhrkamp.

# 2 Was es heißt, ethisch zu denken

## 2.1 Der ethische Gesichtspunkt

Wir schließen an den Punkt an, an dem sich der Leser in die Perspektive des durch Beruf, Amt oder Rolle in seine Handlungsverantwortung gestellten ethischen Entscheidungssubjekts versetzt hat. Worauf es nun ankommt, ist, diese Perspektive auf genuin ethische Maßstäbe hin zu konkretisieren. Was also heißt es, „ethisch" zu denken? Wir haben durch unser Modell der doppelten Versetzung schon einer fundamentalen Gefahr vorgebeugt, nämlich der, den Begriff des Ethischen *zu weit* zu fassen. Ethisch zu denken heißt gerade nicht, eine quasi göttliche Perspektive einzunehmen und sich zu fragen, wie die Abwägung beispielsweise zwischen Embryonenschutz und Forschungsinteresse, zwischen Informantenschutz und Strafverfolgungsinteresse oder zwischen Persönlichkeitsschutz und öffentlichem Informationsinteresse in einer idealen Welt zu beurteilen sei, aus der womöglich die Notwendigkeit dieser Abwägungen schon verschwunden wäre oder zum Verschwinden gebracht werden sollte. Ethisch zu denken heißt vielmehr, jedenfalls im Kontext der „angewandten Ethik", konsequent aus der Perspektive derer zu denken, die mit diesen Abwägungen und den von ihnen implizierten Entscheidungen befasst und von ihnen betroffen sind. Dabei bildet die gegebene Situation mit all ihren geschichtlichen, kulturellen und sozialen Begrenztheiten den faktisch vorauszusetzenden Ausgangspunkt. Auf ihn können wir uns beschränken, wenn wir wissen wollen, wie wir an Stelle eines ethischen Verantwortungsträgers hier und heute zu handeln hätten.

Andererseits muss man an dieser Stelle aber auch der Gefahr wehren, die in der anderen Richtung besteht: Der Begriff des „Ethischen" darf auch nicht *zu eng* gefasst werden. Das heißt, wir dürfen den ethischen Gesichtspunkt nicht als einen Sonderblickwinkel auffassen, der nur einer unter vielen anderen wäre, also insbesondere neben dem ökonomischen, dem politischen oder dem psychologischen Aspekt. Der ethische Gesichtspunkt ist *der umfassende Gesichtspunkt, auf Grund dessen unsere Überlegungen in unser Handeln übergehen.* Er markiert die Grenze, über die hinweg unser vernünftiges Nachdenken unser Handeln bestimmt. Es ist also ein Missverständnis, wenn jemand sagt: „Ja, ethisch gesehen, sollten wir natürlich alle Menschen und sogar alle Lebewesen schützen, aber diesen ethischen Gesichtspunkt können wir nicht durchhalten, weil die wirtschaftlichen Zwänge es nicht zulassen"; oder: „…weil andere Menschen anders denken als wir". Das läuft etwa auf die Position hinaus: „Wir möchten ja gerne ethisch sein, aber es gibt Grenzen, jenseits derer man nicht wirklich ethisch handeln kann". Wer so spricht, hat missverstanden, was Ethik ist. Denn Ethik ist das Prinzip, an dem man schließlich sein Handeln ausrichtet. Wenn jemand sagt: „Ich kann eine bestimmte Forderung, die an mich gestellt wird, jetzt oder überhaupt nicht verwirklichen, weil sonst meine Firma bankrott macht" oder „… weil sich dann unser Staat auflöst", dann ist eben seine Firma oder ist sein Staat das Kriterium, woran er die Rechtfertigung seines Handelns ausrichtet. Er muss dafür Gründe haben, also beispielsweise, dass es den Menschen, die in seiner Firma beschäftigt sind, schlechter ginge, wenn die Firma weg wäre und dass die Firma überleben muss, damit sie wenigstens einige grundlegende Versorgungs- und Arbeitsplätze aufrechterhalten kann. Also er muss dann irgendeine Argumentation haben, auf Grund derer sein Standpunkt eben doch – zumindest nach seiner Auffassung – der ethische ist, das heißt der, der mit guten Gründen gegenüber allen anderen Menschen gerechtfertigt werden kann.

Wir kommen somit, auch und gerade wenn wir uns an die Stelle eines konkreten Trägers beruflicher, amtlicher, rollengestifteter Handlungsverantwortung versetzen, am ethischen Gesichtspunkt nie vorbei und dürfen ihn nicht gegenüber anderen ausspielen, sondern Ethik ist eigentlich die Integration aller wesentlichen unseres Lebens in ein stimmiges Ganzes, das sich begründen und rechtfertigen lässt: also der wirtschaftlichen Gesichtspunkte, der politischen Gesichtspunkte, auch der religiösen Gesichtspunkte (denn man muss auch durchaus, wenn man ein religiöser Mensch ist, sich fragen, wie die im Jenseits begründeten unsichtbaren, im Glauben verwurzelten Forderungen der Religion in das alltägliche Leben übersetzt werden können, auch das ist letztlich eine ethische Frage). Wenn man dies voraussetzt, dann kann man sagen, dass der ethische Gesichtspunkt uns allen gemeinsam ist, sobald wir uns vernünftig darüber unterhalten, was wir in bestimmten Bereichen unseres Lebens tun oder lassen sollten.

## 2.2 Der ethische Standpunkt

Wer somit nun die konkrete Handlungsverantwortung aus der ethischen Perspektive in den Blick nimmt, kommt freilich an einem weiteren fundamentalen Komplexionsfaktor nicht vorbei, der im Grunde ausschlaggebend dafür ist, dass wir uns überhaupt philosophisch mit der „angewandten Ethik" beschäftigen müssen. Um ihn zu ermessen, lautet die Ausgangsbestimmung: *Ethik hat Moral zum Gegenstand;* das heißt, wer ethisch denkt, will zwar zuletzt ganz selbstverständlich auf moralische Erkenntnis hinaus, aber er verbindet seine Suche nach moralischer Einsicht mit einer Antwort auf die Frage, was Moral überhaupt ist und warum es sie gibt. An dieser entscheidenden Stelle stoßen wir noch einmal auf die in der Einleitung hervorgehobene Unabtrennbarkeit von Inhalt und Begriff der „Angewandten Ethik". Unsere Frage: Was heißt es, ethisch zu denken? ist kein Aperçu methodischer oder propädeutischer Reflexion, sondern genau sie wird, ob gewollt oder nicht, von jedem, der sich Gedanken um seine ethische Handlungsverantwortung macht, in einer Weise beantwortet, ohne die man und er selbst seine Entscheidung zuletzt gar nicht verstehen kann.

Damit kommen wir zu einem Schlüssel für das Verständnis aller „angewandten Ethik", nämlich der unbestreitbaren Tatsache, dass es *Ethiken* gibt, also unterschiedliche Standpunkte hinsichtlich der Frage, was Moral sei und warum es sie überhaupt gibt. Ganz besonders in der medizinischen und der Bioethik, aber *mutatis mutandis* auch auf allen anderen uns hier interessierenden Gebieten, herrscht erbitterter theoretischer Streit![6] Anders kann es auch gar nicht sein, wenn es, wie wir voraussetzen, in der Ethik um Wahrheit geht. Wahrheit ist in Philosophie und Wissenschaft immer umstritten, nicht nur in der von uns in der Überleitung angesprochenen diachronen Perspektive, in der sich das, was wir wissen, immer erst durchsetzen muss gegen das, was wir zu wissen glaubten, sondern genauso in der synchronen Beziehung, in welcher verschiedene Standpunkte einander im Ringen um die ethische

---

6  Vgl. zum Folgenden auch Schweidler, Walter. 2006. Normkultur versus Nutzenkultur: Worüber streitet die Bioethik? In *Normkultur vs. Nutzenkultur,* Hrsg. Thomas Sören Hoffmann/Walter Schweidler, S. 3–28. Berlin/New York: de Gruyter.

Wahrheit gegenseitig ausschließen und bekämpfen. Anders als den ethischen Gesichtspunkt, den jeder einnehmen muss, der sich um die rationale Begründung verantwortlichen Handelns Gedanken macht, gibt es also „den" ethischen Standpunkt niemals, sondern unterschiedliche Auffassungen vom Grund moralischer Erkenntnis stehen einander, und zwar zum guten Teil ganz unvermittelt und entsprechend kontrovers, gegenüber. Mehr oder weniger idealtypisch kann man dabei zwei Hauptlager unterscheiden, die man als den *deontologischen* und den *utilitaristischen* Standpunkt kennzeichnen kann. Das Wort „utilitaristisch" kommt vom lateinischen *uti* für „nützen", das Wort „deontologisch" vom griechischen *deon* für die „Sitte", die „Pflicht", die „Norm". Ein Beispiel zur Klärung: Wenn der frühere deutsche Bundespräsident Herzog einmal in einer Diskussion sagte, er könne es einem Schwerkranken, der auf fremde Organe angewiesen ist, nicht klarmachen, warum nicht Stammzellen für die Forschung eingesetzt werden sollen, die zur möglichen Heilung seiner Krankheit führen können, dann vertrat er hier einen utilitaristischen Standpunkt. Das heißt, er sagt etwa Folgendes: Es gibt ein gutes und nützliches Ziel, nämlich Heilung einer Krankheit; und für dieses Ziel muss alles eingesetzt werden, was zur Erreichung dieses Ziels führen kann, auch die Stammzellen, die aus menschlichen Embryonen gewonnen worden sind, welche zur Gewinnung dieser Stammzellen vernichtet wurden. Das heißt letztlich: Die Nützlichkeit des Ziels rechtfertigt die Mittel, die für dieses Ziel eingesetzt werden. Wenn die frühere Bundesjustizministerin Däubler-Gmelin in einer Diskussion gegen diesen Standpunkt einwendete, dass die Verwendung von Stammzellen nicht für ein noch so nützliches Ziel erlaubt sein könne, wenn menschliche Wesen geopfert werden, um die Stammzellen zu gewinnen, dann vertrat sie den Gegenstandpunkt, den deontologischen Standpunkt. Der deontologische Standpunkt besagt, dass der Mensch und jeder Angehörige der menschlichen Art ein Zweck in sich selbst ist, der für keinerlei noch so nützliche Ziele instrumentalisiert werden darf. Ein menschliches Wesen darf demnach nicht für nützliche Zwecke anderer menschlicher Wesen geopfert werden. Das letzte Ziel ist für den deontologischen Standpunkt nicht die Erhöhung der Nützlichkeit, sondern der Schutz und der Respekt vor dem Menschen.

Diese beiden großen Standpunkte kennzeichnen die Strukturen der heutigen ethischen Diskussion in fast allen wichtigen Gebieten, um die wir streiten. Wir finden dieselben Diskussionen in China, in der islamischen Welt, wir finden sie in Amerika, wir finden sie über die ganze Welt hinweg. Dies sei allem Folgenden vorausgeschickt, und zwar gerade nicht deshalb, weil der Leser zu einer „Entscheidung" zwischen ihnen aufgefordert oder diese ihm im Rest unserer Darlegungen nahe gelegt werden soll, sondern, eher im Gegenteil, weil es eben die „angewandte Ethik" ist, die eine differenzierte Bemühung um die Vermittlung in dem durch sie aufgespannten Positionenstreit nahe legt und in mancher Hinsicht sogar unumgänglich macht. Diese Vermittlung selbst kann nicht von einem neutralen „dritten Weg" her erfolgen, aber sie kann dem, der sich um sie bemüht, erlauben, seine eigene Stellungnahme zu dem fraglichen Streit selbst besser zu verstehen. Dazu hilft eine erste Distanzierung, die man in diesem Geflecht der kontroversen ethischen Standpunkte auf einer Ebene vornehmen muss, die den beiden genannten „Streithähnen" zumindest philosophiegeschichtlich noch vorgelagert ist.

### 2.2.1 Der Ansatz der Handlungsethik

Der Streit zwischen deontologischer und utilitaristischer Ethik ist selbst geschichtlich bedingt: Er ist überhaupt erst unter dem Vorzeichen des modernen, neuzeitlichen Denkens entstanden, wie es insbesondere von *Descartes* (1596–1650) begründet wurde, der als Gegenstand wissenschaftlichen Fragens einen so „diffusen" Zusammenhang wie den, den wir als unser „menschliches Dasein" bezeichnet haben, gar nicht zulassen wollte. Das hatte Folgen auch für die Ethik. Man suchte nach einem klar und deutlich umschreibbaren, punktuell zu rekonstruierenden Faktum als Gegenstand der ethischen Untersuchung, und man fand ihn in der *Handlung*. Wir haben dem in der Einleitung durchaus Rechnung getragen, als wir sagten, dass das Handeln der letztendliche Gegenstand der Ethik ist. Aber wir haben mit unserer Bezugnahme auf das menschliche Dasein doch einen Horizont ins Spiel gebracht, in den das Handeln noch integriert bleibt und dessen wissenschaftliche Fassbarkeit wir nicht so skeptisch einschätzen wie einst Descartes.

Die gesamte moderne Ethik geht vom Begriff der Handlung aus. Hingegen war die von den griech. Philosophen *Platon* (427–347 v. Chr.) und *Aristoteles* (384–324 v. Chr.) begründete Tugendlehre, und mit ihr fast die gesamte antike Morallehre, primär Lebensethik. Bei dem mittelalterlichen Philosophen und Theologen *Thomas von Aquin* (1225–1274) stehen beide Gesichtspunkte in enger, nicht immer spannungsfreier Verbindung.

Die handlungsethische Fragestellung ist: Welches sind die Kriterien einer guten Handlung? Sie stellt also ein abgegrenztes Ereignis in den Mittelpunkt der sittlichen Beurteilung: die Handlung H zum Zeitpunkt t (z. B. die Verunreinigung eines Gewässers durch Verklappung giftiger Substanzen, die Rettung eines Ertrinkenden durch einen anderen Menschen, die Aussetzung eines Kindes durch die Mutter). Die Handlungsethik forscht daher wesentlich nach den angemessenen ereignisübergreifenden Beschreibungskategorien einzelner Handlungen, auf die das je konkrete Geschehen zurückbezogen werden kann.

### 2.2.1.1 Beschreibungskategorien der Handlung

Die Beschreibungskategorien der Handlung sind ein entscheidendes Vermittlungsprinzip, ohne welches die sittlichen Beurteilungskriterien auf eine einzelne Handlung gar nicht angewendet werden könnten. Die wichtigsten Beschreibungskategorien sind:

- Handlungstypus: Wenn menschliches Handeln nicht weitgehend in vergleichbaren Typen von Handlungsweisen und -konstellationen vor sich ginge, wäre Ethik nicht möglich. Wir sprechen von „Mord", „Betrug", Ehebruch", „Schenkung", „Rettung", „Unterstützung", „Reparatur", „Kauf", „Fernsehen", „Gruß" usw. Die Kategorien lassen sich mindestens unterscheiden in ethisch positive, negative und neutrale. Nach Thomas von Aquin gibt es neutrale Handlungstypen, aber keine neutralen Handlungen. Jede Handlung ist positiv oder negativ, weil sie die Handlung eines Menschen auf dem Weg zum Himmel oder zur Hölle ist, aber es gibt viele Handlungsweisen, in denen die erlösten und die verdammten Menschen übereinstimmen.
- Handlungsregel: Handlungen stehen in Regelzusammenhängen, die sowohl deskriptiver (= beschreibend; von lat. *describere* = beschreiben) Natur (wie der Satz „Inflation führt zur Flucht in Sachwerte") aber auch normativer (= vorschreibend; von lat. *norma* = Maßstab, Vorschrift) Natur (wie der Satz „Lasse dich niemals ungestraft beleidigen!") sein können.
- Handlungsfolgen: Handlungen, die auf verschiedenen Regeln beruhen, können durch die Beschreibung ihrer Folgen zusammengefasst werden (z. B. „Die Tötung eines Tieres verursacht ebenso Leid wie die Ermordung eines Menschen"). Handlungsfolgen sind in naturgesetzlichen Zusammenhängen begründet; die Frage ist, inwieweit sie

die sittliche Beurteilung der jeweiligen Handlung bestimmen können oder müssen.
- Handlungsmaxime: Menschen können bei gleichen Handlungen verschiedenen Regeln folgen (z. B. x rettet v vor dem Ruin, weil x der Maxime folgt „Ich will so oft wie möglich in die Zeitung kommen" oder „Ich darf mein Gewissen nicht mit Schuldgefühlen belasten" oder „Ich will mein Vermögen einsetzen, um bedrohten Menschen zu helfen, wo immer ich es kann"). Die Frage ist, inwieweit wir immer sicher sein können, welchen Maximen wir folgen, oder ob alle unsere bewussten Grundsätze immer durch natürliche Kausalgesetze determiniert sind usw.

**Literaturhinweis**
Zur Lehre von den Handlungstypen vgl. einführend:

Thomas von Aquin. 1990. *Über die Sittlichkeit der Handlung.* Summa Theologiae I–II q. 18–21. Einleitung von R. Spaemann. Übersetzung und Kommentar von R. Schönberger. Weinheim: Acta Humaniora.

### 2.2.1.2 Moderne Handlungsethiken

Die zwei hauptsächlichen und miteinander konkurrierenden modernen Ethiken (man sagt besser „Ethiktypen", darf dies dann aber nicht mit den o. g. „Handlungstypen" verwechseln) sind Handlungsethiken, die hinsichtlich der Frage divergieren, welche Beschreibungskategorien primär für die Formulierung ethischer Beurteilungskriterien heranzuziehen sind. Es handelt sich um die

- teleologische (von griech. *telos* = der Zweck) bzw. konsequenzialistische Ethik: Dieser Ethiktyp spricht den Handlungsfolgen die primäre Bedeutung zu. Die Hauptvariante dieses Ethiktyps ist der Utilitarismus (von lat. *utilis* = nützlich) mit seinem Grundprinzip: *Gut ist die Handlung, deren Folgen das größtmögliche Glück der größtmöglichen Menge von dieser Handlung betroffener Menschen bewirkt bzw. die größtmögliche Leidverminderung herbeiführt.*

- deontologische Ethik (von griech. *to deon* = das Gesollte, Pflichtgemäße und *logos* = Vernunft, Lehre). Dieser Ethiktyp schreibt der Handlungsmaxime die ausschlaggebende sittliche Bedeutung zu. Inbegriff der deontologischen Ethik ist der „Kategorische Imperativ" Kants (1983 [1788], S. 140.), nach der die innere Einstellung des Handelnden letztlich darüber entscheidet, ob seine Handlung sittlich positiv, negativ oder neutral zu bewerten sei. Der Kategorische Imperativ lautet:

Handle so, dass die Maxime deines Willens jederzeit zugleich als Prinzip einer allgemeinen Gesetzgebung gelten könne.

### 2.2.1.3 Subjektiver Glücksbegriff

Es ist charakteristisch für beide Handlungsethiken, dass sie von einem subjektiven Glücksbegriff ausgehen: Glück ist ein als angenehm bzw. gewünscht empfundener Zustand des Bewusstseins. Gegenbegriff ist das Leid.

Der Streit geht darum, ob Glück (in diesem subjektiven Sinne) die Grundlage der Ethik sein könne (so der Utilitarismus mit seinem Prinzip, dass das in der Menschheit vorhandene Maß an Glück möglichst gesteigert und das Leid vermindert werden muss); oder ob Glück (im subjektiven Sinne) diese Grundlage eben nicht sein könne (so Kant), weil der Mensch das Streben nach Glückssteigerung und Leidverminderung mit dem Tier gemeinsam hat und die Ethik nicht das zu begründen hat, was wir als Naturwesen ohnehin wollen, sondern gerade dasjenige, was uns als naturüberhobenes Vernunftwesen aus einer anderen Quelle vorgeschrieben ist. Diese andere Quelle sind die sittlichen Gesetze, die sich die Menschheit im Übersteigen der Natur selbst gegeben hat und die nun „in unserer Brust" als die Verpflichtungen gegenüber der Humanität festgeschrieben sind. Wir können sie dann hören, wenn wir es nur schaffen, uns von unseren egoistischen und animalischen Glückserwartungen bzw. Leidbefürchtungen nicht bestimmen zu lassen.

### 2.2.2 Der Ansatz der Lebensethik

Lebensethik steht zu den beiden Haupttypen der Handlungsethik nicht in unmittelbarer Konkurrenz. Man kann nicht sagen, dass die Lebensethik durch die Handlungsethik widerlegt, sondern eher, dass sie aus einsichtigen Gründen durch diese verdrängt worden sei. Die lebensethische Fragestellung ist eine andere als die handlungsethische, nämlich: Welches sind die Kriterien eines guten Lebens? Sie stellt nicht ein punktuelles Ereignis, sondern eine vom Menschen zu prägende Zeitspanne Z in den Mittelpunkt der sittlichen Beurteilung: das Leben der Person p in seiner unableitbaren biographischen Einheit, aber zugleich in seiner Bedingtheit durch die Angewiesenheit auf das Zusammenleben mit anderen Personen. Der vor allem bei Aristoteles systematisch entwickelte, aber schon bei Platon grundgelegte Begriff der Tugend ist der Kern dieser Konzeption.

### 2.2.2.1 Objektiver Glücksbegriff

Charakteristisch für die (und problematisch an der) Lebensethik ist der objektive Glücksbegriff: Glück ist ein *gelungenes Leben* im Ganzen.

Dieser objektive Glücksbegriff beinhaltet, dass letztlich nicht das subjektive Befinden eines Menschen darüber entscheidet, ob er wirklich glücklich ist; sondern es kommt auf das Urteil der Gemeinschaft von Bürgern an, innerhalb der er lebt, und innerhalb dieser Gemeinschaft wieder besonders auf das Urteil der vorbildlich und tugendhaft lebenden Bürger. Insoweit jemand zu einem solchen Vorbild wird, wird er seinerseits zur Beurteilungsinstanz für die in dieser Gemeinschaft geltenden sittlichen Maßstäbe.

### 2.2.2.2 Grenzen der lebensethischen Moralbegründung

Unter den Bedingungen der modernen Wissenschafts- und Gesellschaftsauffassung konnte die auf einem solchen objektiven Glücksbegriff basierende Lebensethik als Grundlage der Moralbegründung nicht gehalten werden. Dafür gab es verschiedene Bedingungen:

Das Leben als Ganzes wird in der neuzeitlichen Wissenschaft, wie sie im 16. und 17. Jh. begründet wurde, nicht mehr als eine exaktem Wissen zugängliche Kategorie angesehen. Leben betrachtet man nunmehr im kausal-physiologischen Sinn primär als eine Folge von Zeitpunkten und als biologische Eigenschaft, während der Gesichtspunkt der Biographie erst mit dem Aufkommen der Geistes- und Sozialwissenschaften im 19. und 20. Jh. wieder in den Horizont der Wissenschaftlichkeit zurückkehrt. Die enge, überschaubare bürgerliche Gemeinschaft, die den Hintergrund der antiken Ethik bildete, existiert schon seit der Spätantike nicht mehr. Dass kein Mensch mit Sicherheit entscheiden kann, ob sein Leben – geschweige denn das eines anderen – im Ganzen gelingt oder misslingt, ist bereits ein christliches Grundprinzip. Die neuzeitliche Rechts- und Freiheitsauffassung steht dann mit ihrem zumindest methodologischen, wesentlich aber auch politisch inhaltlichen Individualismus der Vorstellung von einem objektiv beurteilbaren Glück weitgehend fremd gegenüber.

Es muss trotzdem festgehalten werden, dass es weder der teleologischen noch der deontologischen Ethik gelungen ist, alles das einzuholen, was der klassische Begriff der Tugend und die Auffassung von der Lehrbarkeit wahren Glücks geleistet hatten. Das zeigt sich nicht zuletzt, wenn man die Kontroversen zwischen Utilitarismus und Pflichtethik in ihre Wurzeln hinein verfolgt. Weniger in der Moralbegründung, wohl aber in der Moralehre ist der lebensethische Gesichtspunkt bis heute aktuell.

### Literaturhinweis
Zum Vergleich der wichtigsten Ethiktypen ist einführend geeignet:

Spaemann, Robert/W. Schweidler (Hrsg.). 2014. *Ethik. Lehr- und Lesebuch,* Stuttgart: Klett-Cotta. 2.2.3 Begründungsprobleme der Handlungsethiken.

### 2.2.3 Begründungsprobleme der Handlungsethiken

#### 2.2.3.1 Schwierigkeiten des Utilitarismus

Der Utilitarismus in seiner ursprünglichen Form stößt mit seiner Betonung der Handlungsfolgen auf kaum überwindbare Schwierigkeiten:

- Folgenabschätzungsproblem: Wenn die Folgen einer Handlung darüber entscheiden sollen, ob sie gut oder schlecht ist, dann wird die Moral abhängig von einer Entwicklung, die wir mit unserem begrenzten menschlichen Horizont niemals überschauen können. Selbst der Mensch, den ich vor dem Ertrinken rette, kann in tausend Jahren einen Nachkommen haben, der die Menschheit ausrottet. Soll dann meine Rettungshandlung schlecht gewesen sein? Kann es schlecht sein, heute Menschen vor dem Verhungern zu bewahren, wenn dadurch vielleicht künftige Überbevölkerung mitverursacht wird?
- Problem der Abgrenzung des Betroffenenkreises: Das „größtmögliche Glück der größtmöglichen Menge von der Handlung betroffener Menschen" kann man nur abschätzen, wenn man weiß, wer von einer Handlung wirklich betroffen ist. Der Autoverkäufer ist an einem möglichst niedrigen Preis, der Verkäufer an möglichst niedrigen Herstellungskosten interessiert. Aber von der Produktion des Autos sind über deren Einwirkungen auf die Umwelt Menschen betroffen, die mit dem Käufer und dem Verkäufer sonst nichts zu tun haben (bis hin zu künftigen Generationen). Wer will hier mit welchen Mitteln abschätzen, ob die Folgen der Autoherstellung im Horizont der Menschheit gut oder schlecht sind?
- Gerechtigkeitsproblem: Was ist, wenn das Opfer einer Minderheit das Glück einer großen Mehrheit sehr steigern könnte?
- Zufallsproblem: Wenn nur die Folgen über die sittliche Beurteilung der Handlung entscheiden, dann kann die gleiche Handlung je nach Zufall gut oder schlecht sein, je nachdem, ob z. B. das ausgesetzte Kind in gute oder schlechte Hände gerät.
- Berechnungsproblem: Wie soll überhaupt Glück, auch und gerade subjektives Glück, gemessen werden?

## 2.2.3.2 Lösungsansatz der deontologischen Ethik

Wegen dieser Schwierigkeiten verwirft die deontologische Ethik das Folgenprinzip und fordert, bei der Handlungsbeurteilung nur die Einstellung des Handelnden zum ausschlaggebenden Kriterium zu machen. Die Prüfung, ob eine bestimmte Handlung H, die ich vorhabe, nach einer Maxime erfolgt, die jederzeit Grundlage einer allgemeinen Gesetzgebung sein könnte, geht im Wesentlichen in drei Schritten vor sich:

- Maximenbildung: Ich muss mich fragen, wie die Maxime lauten müsste, unter der die Handlung steht, die ich vorhabe. Will ich in der Straßenbahn schwarzfahren, so müsste die zugehörige Maxime in etwa lauten: „Ich soll das Fahrgeld sparen und schwarzfahren, wann immer ich kann ..."
- Maximenverallgemeinerung: Ich muss mich nun fragen: Was wäre, wenn alle so dächten wie ich? Wenn also alle der Maxime folgten: „Es ist richtig, schwarzzufahren, wann immer man kann ..."
- Widersprüchlichkeitsprüfung: Ich muss mich schließlich fragen, ob unter den dann abzusehenden Zuständen die von mir befolgte Maxime überhaupt noch logisch denkbar wäre. Wenn alle schwarzfahren würden, wenn also niemand den Fahrpreis bezahlte und alle das auch wüssten, dann könnte von „Schwarzfahren" keine Rede mehr sein; es gäbe den Unterschied zwischen korrekter und betrügerischer Bahnbenützung nicht mehr. Damit aber höbe sich die Maxime logisch in einem Selbstwiderspruch auf.

Als Ergebnis lässt sich festhalten: Es gibt bestimmte Handlungen, die ich überhaupt nur wollen kann unter der Bedingung, dass andere sie nicht wollen und die auch nicht wissen, dass ich sie will. Dieser Art von „parasitärem" Handeln (z. B. Lüge, Betrug, Diebstahl, Steuerhinterziehung, Ehebruch usw.) wird durch den Kategorischen Imperativ absolut als unmoralisch ausgeschlossen. Diesen innigen Zusammenhang von Logik und Ethik hatte Kant (1983 [1788], S. 143) im Auge, als er fasziniert davon sprach:

„Reine Vernunft ist für sich allein praktisch."

Die Grundidee der deontologischen Ethik ist, dass der Mensch erst dadurch, dass er nicht nach den Folgen urteilt, die eine bestimmte Handlung für ihn mit sich bringt, fähig wird, das ethisch Positive, Negative oder Neutrale in ihr ganz abstrakt und allgemein zu erkennen.

Wenn ich auf die Frage, ob es gut sei, Gift im Meerwasser zu verklappen, mit der Abschätzung der Folgen reagiere und etwa sage: „Wenn wir es nicht tun, tun es andere, aber wir verlieren unseren Job usw.", dann gerät die ethische Natur der fraglichen Handlung völlig aus dem Blick. Nur wenn ich frage: „Was hätte jeder an unserer Stelle zu tun (auch „die anderen")?", komme ich überhaupt erst auf die ethisch wirklich relevante Ebene.

Völlig irreführend ist es allerdings, wenn man nicht ganz entschieden festhält, dass die deontologische Denkweise als Kriterien der Handlungsbeurteilung nur die Folgen *für den Handelnden* ablehnt. Es geht nur darum, dass die Handlung nicht ethisch begründbar ist, mit der man allein seinen eigenen Vorteil sucht oder Nachteile für sich vermeiden will. Keineswegs geht es darum, Folgenabschätzung überhaupt als Grundlage der Handlungsbeurteilung abzulehnen. Weder Kant noch irgendein anderer theoretisch ernst zu nehmender Deontologe hat so etwas vertreten. Selbstverständlich muss man, um zu entscheiden, ob es moralisch geboten ist, fremdnützige Forschung an Embryonen zu verbieten, die Folgen beurteilen, die dieses Handeln für die – und das heißt: für alle – Betroffenen hat. Alles andere wäre völlig unsinnig. Für den ethischen Gesichtspunkt ausschlaggebend ist nur, dass man zum Prinzip ihrer Beurteilung nicht allein die Folgen macht, die eine Handlung *für einen selbst* hat. Denn genau in dieser „egoistischen" Betrachtungsweise liegt nach deontologischer Auffassung das, wovon uns abzubringen der Sinn der Moral ist. Wenn alle nur egoistisch handeln würden, dann gäbe es keine Moral, und weil Ethik immer auch und wesentlich eine Antwort auf die Frage ist, warum es Moral gibt, kann die Optimierung der eigenen Vorteile nicht Prinzip der Ethik sein. Keine Rede also von einer angeblichen „Gesinnungsethik", die uns auffordern würde, von allen Handlungsfolgen abzusehen und allein dem zu gehorchen, was eine diffuse „Intuition" uns eingibt!

### 2.2.3.3 Probleme der deontologischen Ethik

Aber auch die richtig verstandene deontologische Ethik stößt auf schwerwiegende Probleme:

- Rigorismusproblem: Lüge z. B. ist durch den Kategorischen Imperativ absolut verboten. Was aber ist, wenn, etwa weil mein Staat in diktatorische Zustände gefallen ist, die Lüge notwendig wird, um Menschenleben zu retten? Soll ich dann rigoros den Kategorischen Imperativ befolgen, der doch den Sinn hat, Humanität zu bewahren? Die Maxime, dass ich es zu solchen Zuständen eben nicht kommen lassen darf, hilft mir nicht mehr, wenn sie eingetreten sind.
- Abstraktheitsproblem: Der Kategorische Imperativ bietet eine absolute Handlungsorientierung nur dadurch, dass er mir bestimmte „parasitäre" Handlungsweisen verbietet. Hinzu kommt allenfalls noch eine gewisse relative Hand-

lungsorientierung, die sich aus dem Prinzip ergibt, meine Maxime zu verallgemeinern: Ich kann nicht „prinzipiell" für Wehrdienst sein, ihn aber für mich selbst ablehnen usw. Die Frage, „wofür" ich im Leben denn nun sein soll, entzieht sich der ethischen Beurteilung, wenn ich allein den Kategorischen Imperativ zugrunde lege. *Kant* selbst hat in seiner Morallehre zwar ein umfangreiches System von Pflichten gegen mich selbst und andere entworfen, aber er musste dazu bestimmte Annahmen über „die menschliche Natur" einführen, die zumindest nicht den gleichen Verbindlichkeitsanspruch erheben können wie seine Moralbegründung.

- Definitionsproblem: Der Kategorische Imperativ wird handlungsorientierend nur unter ganz bestimmten Voraussetzungen. Von einer Handlungsweise namens „Diebstahl" kann ich mir tatsächlich nicht denken, dass alle sie jederzeit begehen dürfen, denn wo alle stehlen, gäbe es kein Eigentum und damit auch kein „Stehlen" mehr. Aber wenn ich dieselbe Handlung nun „Wegnahme" nenne, trifft dieser Selbstwiderspruch nicht mehr zu. Ich kann mir durchaus denken, dass alle allen ständig etwas wegnehmen, ohne dass es dadurch denkunmöglich würde, dass es Besitz gibt, der sich wegnehmen lässt. Damit erhebt sich die Frage: Wer definiert, ob meine Handlung „Diebstahl" oder „Wegnahme" (oder „soziale Selbstverteidigung" usw.) ist? Nur wenn ich die (im Fall des „Diebstahls" durch das Strafrecht) inhaltlichen Bedeutungsvorhaben meiner Gesellschaft und meines Staates schon akzeptiere, wenn ich also die bestehenden Definitionen von „Lüge", „Ehebruch" usw. übernehme, tritt der Kategorische Imperativ überhaupt in Funktion. Wie aber sind dann diese schon bestehenden Definitionen zu rechtfertigen und zu überprüfen.

## 2.2.3.4 Der Regelutilitarismus: ein Kompromiss?

Diese Schwierigkeiten der deontologischen Ethik legen es nahe, nach Kompromissmöglichkeiten mit der bzw. Annäherungen an die teleologische Ethik zu suchen. Die wichtigste Weiterentwicklung der teleologischen Ethik besteht im sog. „Regelutilitarismus", der zwar das Folgenprinzip festhält, ihm aber an entscheidender Stelle die Frage „Was wäre, wenn alle das täten" als selbständige Kategorie beifügt. Der Regelutilitarismus besagt:

1. Gut ist die Handlung, die gemäß einer moralischen Regel geschieht.
2. Eine Regel ist moralisch, die dem größtmöglichen Glück der größtmöglichen Menge von der Handlung Betroffener dient.

Auf diese Weise bewältigt die teleologische Ethik zumindest das Zufälligkeitsproblem: Die Aussetzung eines Kindes ist, regelutilitaristisch beurteilt, auch dann schlecht, wenn das Kind durch Zufall in gute Hände gerät, weil davon auszugehen ist, dass, wenn alle Eltern ihre Kinder aussetzen würden, das Glück der betroffenen Menschheit nicht gesteigert, sondern das Leid vermehrt würde.

Der Regelutilitarismus bedeutet eine deutliche Annäherung der teleologischen an die deontologische Ethik, denn dass wir uns moralischen Regeln unterwerfen sollen, wird von ihm absolut verlangt und nicht etwa aus der „Nützlichkeit der Moral" abgeleitet. Nur tritt die „reale" Frage: „Möchte ich in Zuständen leben, in denen alle das täten, was ich vorhabe?" an die Stelle der „logischen" Frage Kants: „Kann ich mir überhaupt einen Zustand denken, in dem alle das täten, was ich da vorhabe?"

Nichtsdestoweniger kann auch der Regelutilitarismus die wichtigsten Einwände gegen eine teleologische Ethik allgemein nicht entkräften. Das Folgenabschätzungs- und das Betroffenenabgrenzungsproblem bleiben für die Beurteilung der langfristigen Nützlichkeit von Regeln genauso bestehen wie für einzelne Handlungen. Und es tritt eine neue Schwierigkeit hinzu, die genau mit der Annäherung an die deontologische Ethik zu tun hat, nämlich das Subsumtionsproblem: Wer definiert, unter welche Regel eine bestimmte Handlung, die ich vorhabe, zu subsumieren (= unterordnen; von lat. *subesse* = untergeordnet sein) ist? Folgt der Arzt, der einem schwerkranken Patienten eine Überdosis Schmerzmittel gibt, der Regel „Lindere Schmerzen!" oder „Töte einen zu schwer Leidenden!"? Ist der Freiheitskämpfer ein Terrorist oder der Terrorist ein Freiheitskämpfer?

### 2.2.4 Fazit

Wer der Auffassung ist, dass eine Kompromissposition zwischen teleologischer und deontologischer Ethik schließlich alle oder doch die meisten der genannten Probleme befriedigend zu lösen vermöchte, trägt für diese These die Beweislast. Solange ein solcher Beweis nicht erbracht ist, kann man legitimerweise versuchen, an den Grenzen von Utilitarismus und Pflichtethik doch den alten tugendethischen Gesichtspunkt wieder zur Geltung zu bringen: Wie soll ein Mensch sein Leben führen, wenn dieses Leben im Hinblick auf seine persönlichen Voraussetzungen und im Hinblick auf die Erfordernisse eines gelungenen Zusammenlebens mit seinen Mitmenschen gelingen soll? Nicht Handlungen, sondern Haltungen wären demnach ethisch zu beurteilen. Was wir freilich zu relativieren haben, ist der Anspruch, das Leben „im ganzen" beurteilbar zu machen.

Es ist eines der wesentlichen Ergebnisse der existenzphilosophischen und phänomenologischen Ansätze des 19. und 20. Jahrhunderts, dass die kreative Energie, mit der ein Mensch sein Leben entwirft und führt, sich letztlich nicht zum Gegenstand ethischer Beurteilung machen lässt. Die personale Identität beruht auf der Differenz zwischen mir und allem, was nicht Ich ist. Sie kann weder durch das abstrakte Prinzip, die vorhandene Menge subjektiven Glücks auf der Welt zu steigern, noch durch die Forderung eines allgemeinen „Sittengesetzes" im Sinne des Kategorischen Imperativs Kants eingeholt werden. Und auch das „Ganze des Lebens" im tugendethischen Sinne ist kein Aspekt, den man mit positiven ethischen Vorgaben begründen und inhaltlich bestimmen könnte.

Wenn daher in diesem Buch von „angewandter Ethik" die Rede ist, dann setzt dies nicht eine, sei es handlungs- oder lebensethisch begründete Konzeption von Ethik überhaupt als Grundlage normativen Denkens voraus. „Angewandte Ethik" ist nicht die Anwendung separat begründeter und „alleinseligmachender" ethischer Prinzipien, sondern umgekehrt, wie in der Einleitung gesagt, eine Anleitung zur Nutzbarmachung ethischer Begriffe und Modelle für die Rekonstruktion von Ansprüchen und Pflichten, die durch den lebensweltlichen Zusammenhang von Beruf, Amt und Rolle konstituiert sind. Wir müssen uns, um uns der Aufgabe der rationalen Rekonstruktion dieser Ansprüche und Pflichten zu stellen, nicht auf einen bestimmten ethischen Standpunkt beziehen. Es gibt heute gute Gründe dafür, Praktische Philosophie nicht als „Ethik" im herkömmlichen Sinne zu betreiben, sondern dafür neue, etwa politik- und rechtsorientierte Modelle zu entwerfen. Charakteristisch für solche Modelle ist oft, dass sie den Begriff der *Person* in den Mittelpunkt stellen und etwa fragen, wie man als Mensch mit der einem verliehenen Spanne Lebenszeit in Einklang zur rational vermittelbaren Beherrschung des eigenen Lebens zu kommen vermag.[7] Gerade bei einem derartigen Ansatz zeigt sich allerdings, dass er, wenn es um die Lösung konkreter Konflikte und die Bewältigung von Gewissensfragen geht, auf die Ergänzung angewiesen ist, die wir hier im Blick auf charakteristische konkrete *Handlungsfelder* des alltäglichen Lebens als die *Denkweise namens* „angewandte Ethik" darzulegen versuchen. Die Grundbegriffe der traditionellen Ethik in ihrer rational rekonstruierbaren und intersubjektiv begründbaren Systematik bilden dabei das wesentliche Instrumentarium, aber nicht den prinzipiellen Horizont des Umgangs mit der uns gestellten Aufgabe.

Gegenstand und Aufgabe der angewandten Ethik ist somit die Besinnung auf spezifische Handlungsfelder, auf denen menschliche Lebensentwürfe charakteristischerweise so in Interaktion miteinander treten, dass gelingendes Leben an gelingendes Zusammenleben gebunden ist. Der Ausdruck „Handlungsfelder" soll gegenüber der so markierten lebensethischen Ausgangsbasis den Rückbezug zu den Grundprinzipien der Handlungsethik festhalten, vor allem zu deren wichtigstem Schutzgut, nämlich der *Freiheit des Menschen, sein Leben selbstbestimmt zu gestalten.* Als fundamentale Vermittlungskategorie zwischen gelingendem Leben des einzelnen und den Prinzipien des gelingenden Zusammenlebens erweist sich dabei der Begriff der *Gerechtigkeit,* der auch im Mittelpunkt zweier heute besonders aktueller theoretischer Entwürfe im Grenzbereich zwischen herkömmlicher „Ethik" und der Politischen Philosophie bzw. der Rechtsphilosophie steht.

---

7  Ein Versuch zu einer Politischen Anthropologie in diesem Sinne ist Walter Schweidler: Geistesmacht und Menschenrecht. Der Universalanspruch der Menschenrechte und das Problem der Ersten Philosophie, Freiburg/München 1994.

**Literaturhinweis**
Grundlegend zur personologisch verstandenen Kritik am Kantischen Modell des abstrakten Sittengesetzes ist immer noch:

Scheler, Max. 1980 [1913/1916]. *Der Formalismus in der Ethik und die materiale Wertethik. Neuer Versuch der Grundlegung eines ethischen Personalismus*. In M. Scheler, Gesammelte Werke, Bd. 2, 6. durchges. Aufl. Bern/München: Francke.

Nicht in allen Voraussetzungen und Konsequenzen zu teilen, aber stringent und informativ ist die Kritik, die von lebensethischer Seite an deontologischen und teleologischen Positionen vorgetragen wird, von

MacIntyre, Alasdair. 1987. *Der Verlust der Tugend*. Frankfurt a. M./New York: Campus.

Berühmt ist die lebensethisch orientierte Analyse menschlicher Handlungsfelder als „Grenzsituationen" bei

Jaspers, Karl. 1932. *Philosophie*. Bd. II: Existenzerhellung. Berlin: Julius Springer.

Den in neuerer Zeit bedeutendsten Ansatz zur Vermittlung der Kantischen Pflichtethik mit einer auf dem Konzept der „narrativen Identität" basierenden Lebensethik hat vorgelegt

Ricœur, Paul. 1966. *Das Selbst als ein Anderer*. München: Wilhelm Fink (insbes. Kap. 6 bis 9).

## 2.3 Gerechtigkeit als Kategorie der Handlungsbeurteilung

### 2.3.1 Der lebensethische Kern des Gerechtigkeitsbegriffs

Gerechtigkeit ist ursprünglich nicht als gesellschaftliche, sondern als personale Kategorie gefasst worden: Gerecht oder ungerecht sind nicht primär soziale Verhältnisse, sondern Menschen. Gerechtigkeit ist bei Platon und Aristoteles die grundlegende Tugend, deren Erlangung letztlich darüber entscheidet, ob ein Mensch mit dem Inbegriff seiner Voraussetzungen und der Notwendigkeit des gelingenden Zusammenlebens mit seinen Mitbürgern in Einklang zu kommen vermag. Man kann die tugendethische Definition der Gerechtigkeit in sinngemäßer Anlehnung an diese klassischen Positionen so geben:

Gerecht ist ein Mensch, der das Gelingen des Lebens seiner Mitbürger als Bedingung des Gelingens seines eigenen Lebens erkannt und anerkannt hat.

Mit dem Topos des „gelingenden Lebens" bringen wir freilich wieder den objektiven Glücksbegriff ins Spiel und müssen versuchen, ihn mit dem unaufgebbaren neuzeitlichen Rechts- und Gesellschaftsprinzip in Einklang zu bringen, dass keine kollektive Instanz dem einzelnen vorschreiben kann, wofür er zu leben hat und wofür nicht. An diesem Problem arbeiten sich einige der bedeutendsten neueren Ansätze der Ethikbegründung ab.

## 2.3.2 Neuere Ansätze zur ethischen Entfaltung des Gerechtigkeitsbegriffs

Wie kann man die Haltung theoretisch rekonstruieren, aufgrund derer wir einen Menschen als gerecht bezeichnen können? Unter den Voraussetzungen der Handlungsethik wird meist versucht, den objektiven Glücksbegriff und den mit ihm verknüpfen Gesichtspunkt eines gelingenden Lebens zu vermeiden und Gerechtigkeit ohne Rückgriff auf die Regeln („Konventionen") bestehender und als gut betrachteter Lebensformen zu rekonstruieren. Die sog. „postkonventionellen" Ansätze wollen also nicht Regeln eines guten Zusammenlebens („Konventionen") formulieren, sondern nur *Regeln des Verfahrens,* innerhalb dessen Menschen sich auf die Regeln ihres Zusammenlebens einigen sollten.

Angewandte Ethik wird heute oft von einem dieser „postkonventionellen" Ansätze aus betrieben und ist durch die Auseinandersetzung zwischen ihnen gekennzeichnet. Die wichtigsten Formen dieser Ansätze sind die Diskurs-, die Vertrags- und die Systemethik.

### 2.3.2.1 Diskursethik von Habermas

Die vor allen von dem dt. Philosophen und Soziologen *Jürgen Habermas* (*1929) entwickelten Diskursethik versucht den Leitfaden gelungenen Zusammenlebens aus dem universalen Medium der Verständigung von Menschen über dieses Zusammenleben zu gewinnen, nämlich dem rationalen Gespräch. Dessen Kern ist nach Habermas das Argument. Wer argumentiert, wendet sich an seine Mitmenschen als Beurteilungs- und Prüfungsinstanzen seiner eigenen Wahrheitsansprüche und signalisiert damit, dass er sie als Instanzen erkannt und anerkannt hat, die über die Richtigkeit seines Handelns mit zu entscheiden befugt ist. Gerecht ist demnach, worauf man sich innerhalb eines argumentativen Diskurses mit den vom eigenen Handeln betroffenen Menschen hätte einigen können.

Freilich kann maßgebend hier nicht der tatsächliche, von autoritären, ideologischen und irrationalen Strukturen verzerrte Diskurs sein, sondern der ideale oder „herrschaftsfreie Diskurs", den es real gar nicht gibt, der aber in jedem Argument idealiter unterstellt wird. Um zu Partnern eines solchen Diskurses zu werden, müssen die Menschen durch die Gesellschaft dazu gebracht werden, nicht ihre unmittelbaren Wünsche, sondern nur ihre „verallgemeinerungsfähigen Interessen" in den gesellschaftlichen Diskurs einzubringen. Sie müssen also lernen, ihre Interessen von Kind an bereits im Lichte der Interessen der von ihrem Handeln betroffenen Mitmenschen zu sehen. Die gesellschaftliche Instanz, die uns letztlich zu dieser Verantwortung zwingt, ist die „kritische Öffentlichkeit". Indem wir gezwungen werden, unsere Interessen ihrem Urteil auszusetzen, werden wir zu Partnern eines rationalen Diskurses erzogen, der das letzte Kriterium für Gerechtigkeit bildet.

Der Haupteinwand gegen diese Gerechtigkeitsvorstellung ist die in *Habermas'* System nicht zu schließende *Lücke zwischen dem idealen und dem tatsächlichen Diskurs*. Am Ende sind es immer tatsächliche Instanzen, die über das Thema, Redeweisen und Vorbilder entscheiden, die ins Licht der „kritischen Öffentlichkeit" gezogen werden. Wodurch soll je garantiert werden, dass die tatsächlichen Medien, die unsere Öffentlichkeit bestimmen, sich nicht nach ihrem Erfolg, sondern nach den Forderungen einer „idealen Kommunikationsgemeinschaft" richten? Die moralischen Überzeugungen derjenigen Menschen, die den öffentlichen Diskurs bestimmten, werden auf diese Weise am Ende nur noch *einem* Legitimationskriterium unterworfen: ihrem Erfolg in der Bewusstseinsprägung der Gesellschaft. Die Frage, ob es nicht eine Entwicklung des gesellschaftlichen Bewusstseins geben könne, die, ethisch gesehen, eine Degeneration bedeutet, kann so praktisch nicht mehr gestellt werden.

**Literaturhinweis**

Habermas, Jürgen. 1973. *Legitimationsprobleme im Spätkapitalismus*. Frankfurt a. M.: Suhrkamp (= es 623).
Habermas, Jürgen. 1983. *Moralbewußtsein und kommunikatives Handeln*. Frankfurt a. M.: Suhrkamp (= stw 422).

### 2.3.2.2 Vertragsethik von Rawls

Der amerik. Philosoph *John Rawls* (1921–2002) unterwirft die Institutionen unseres Zusammenlebens einem Gerechtigkeitskriterium, das sich nur als Gedankenexperiment formulieren lässt, und zwar mit Hilfe der klassischen Denkfigur des Gesellschaftsvertrages: Wir sollen uns, wenn wir nach Gerechtigkeit fragen, darauf besinnen, ob wir einer bestimmten Rollenverteilung innerhalb unseres Zusammenlebens auch zugestimmt hätten, wenn wir mit den anderen Menschen, mit denen wir zusammenleben, vor der Gründung dieser Gesellschaft hinter einem „Schleier der Unwissenheit" darüber zu entscheiden gehabt hätten, wie diese Gesellschaft gestaltet werden soll, und *wenn weder sie noch wir gewusst hätten, an welche Stelle der so einzurichtenden Gesellschaft wir schließlich persönlich geraten würden*. Hätte ich also z. B. der Rollenverteilung zwischen Mann und Frau im Geschäftsleben auch zugestimmt, wenn ich mein Geschlecht nicht gekannt hätte?

In einer solchen hypothetischen Situation bleibt, so Rawls' Grundidee, dem rationalen Subjekt gar nichts anderes übrig, als sich mit seinen Mitmenschen auf einen freien und gleichen Vertrag zu einigen. Gerecht ist, was in einem derartigen Vertrag zwischen freien und gleichen Partnern hätte vereinbart werden können.

Der Haupteinwand gegen dieses Modell betrifft das in ihm zugrunde gelegte *ökonomische Menschenbild*. Einem Menschen, der nichts, weder seine Stärken und Schwächen noch seine Herkunft und nicht einmal sein Geschlecht, kennt, bleibt nur noch ökonomisches Denken. So geht Rawls davon aus, dass wir im vorgesellschaftlichen Zustand des „Schleiers der Unwissenheit" nur folgendes verlangen würden:

1. dass die rechtlichen Freiheitsspielräume aller Bürger gleich verteilt sein sollen;
2. dass wirtschaftlich Chancengleichheit herrschen muss;
3. dass hinsichtlich der Güter- und Lastenverteilung die Bürger gleich behandelt werden müssen. Dies gilt mit Ausnahme derjenigen Unterschiede, die zu einer Gesellschaft führen, deren wirtschaftlicher Ertrag schließlich so groß ist, dass selbst die gesellschaftlich Benachteiligten noch besser bedient sind als durch eine Gesellschaft, in der es die betreffenden Unterschiede nicht gäbe.

Die Voraussetzung (3) offenbart den Grundcharakter von Rawls' Gerechtigkeitsvorstellung: Der rationale Individualist, der nichts über sich weiß außer, dass er durch das Zusammenleben mit seinen Mitmenschen ökonomisch größeren Vorteil erlangen will als durch jede denkbare Alternative des Zusammenlebens, wird seine Mitmenschen als Freie und Gleiche behandeln. Dieser Mensch ist aber nicht weniger eine Fiktion als Habermas' „herrschaftsfreier Diskurs", und die ethisch relevante Frage wäre die, ob wir wollen sollen, dass diese Fiktion Realität wird. Das Problem wird uns ähnlich bei der Frage nach dem *homo oeconomicus* begegnen.

### Literaturhinweis
Rawls, John. 1971. *Eine Theorie der Gerechtigkeit*. Frankfurt a. M.: Suhrkamp (= stw 27).

## 2.3.2.3 Systemethik von Luhmann

Der dt. Soziologe *Niklas Luhmann* (1927–1998) sieht in der realitätsgestaltenden Kraft des Fiktiven den Kern der Ethik. Moralische Überzeugungen sind überlebensdienliche Fiktionen. Die Selbsterhaltung und Selbstorganisation gesellschaftlicher Systeme beruht wesentlich auf ihrer Kraft, ihre Überlebensbedingungen in das Bewusstsein ihrer Mitglieder zu „internalisieren", also sie ihnen in Form von moralischen Überzeugungen gewissermaßen einzuimpfen. Die Überzeugung, dass es Gerechtigkeit und Ungerechtigkeit gebe, erweist sich so gesehen als eine fundamentale Wechselseitigkeit, die sog. „binäre Codierung", durch die die Angehörigen eines durch rechtliche Institutionen geprägten Gesellschaftssystems sich gegenseitig ihre Fähigkeit und Bereitschaft zu systemkonformem Verhalten signalisieren. Die Frage, ob es wirklich Gerechtigkeit und Ungerechtigkeit gebe, ist ohne Bedeutung und überholt; es zählt nur, welche gesellschaftsstabilisierende und -organisierende Funktion solche Überzeugungen haben.

Der systemtheoretische Ansatz bietet eine soziologische Theorie der Funktion von Moral, er kann und will gar nicht eine Moralbegründung sein. Gerade deshalb entfaltet er jedoch auf den verschiedenen Gebieten der speziellen Ethik große Kraft und wird als plausibles Erklärungsmodell empfunden. Das hängt u. a. mit seiner engen Verbindung mit evolutionstheoretischen Gedankengängen über eine „autopoietische" (von griech. *auto* = selbst und *poiein* = herstellen) Systembildung zusammen.

Demgegenüber ist jedoch festzuhalten, dass eine funktionale Erklärung des Erfolgs von Systemen nicht erklären kann, worauf diese selbst aufbauen, nämlich auf dem ursprünglichen Wissens- und Glaubensanspruch der Menschen, die diese Systeme geschaffen haben. Ohne die Einsicht in die Notwendigkeit gerechten Zusammenlebens wären die Strukturen niemals entstanden, von denen dann im Nachhinein der Systemtheoretiker nachzuweisen versucht, dass sie auch ohne solche Einsicht überlebensdienlich und nützlich sind. Die Ethik muss demgegenüber versuchen, das Selbstverständnis des moralisch empfindenden und denkenden Menschen einzuholen. Dass Moral normalerweise überlebensdienlich für die Gesellschaft ist, braucht keineswegs bestritten zu werden; aber die Ethik stellt die Frage, warum das Gute diese dem Menschen und seinem Zusammenleben dienliche Kraft habe. Und wenn man diese Warum-Frage nicht als kausalen Ursache-Wirkungsbezug verstehe, sondern als Frage nach den Gründen, die unser Gewissen dazu veranlassen, für moralisches Handeln zu plädieren, dann steht man schließlich doch wieder vor der Alternative zwischen deontologischer und utilitaristischer oder eben einer lebensethischen Konzeption von dem, was Moral ist und was ihr ihre überlebensdienliche Funktion gibt.

**Literaturhinweis**

Luhmann, Niklas. 1977. Zweckbegriff und Systemrationalität. Über die Funktion von Zwecken in sozialen Systemen. Frankfurt a. M.: Suhrkamp (= stw 12).

Luhmann, Niklas und R. Spaemann. 1990. *Paradigm lost: Über die ethische Reflexion der Moral.* Frankfurt a. M.: Suhrkamp (= stw 797).

### 2.3.3 Die Person als Vermittlungsinstanz von Leben und Gerechtigkeit

Die Problematik der „postkonventionellen" Ansätze besteht darin, dass sie das Selbstverhältnis des Menschen als fundamentale Bedingung der Anerkennung seines Mitmenschen als eines Freien und Gleichen nicht genügend reflektieren.

Die Grundintention, dass Menschen vor einer kollektiven Instanz zu schützen sind, die ihnen vorzuschreiben versucht, worin der Sinn ihres Lebens besteht, ist zwar richtig; an ihr kann auch kein Ansatz zur Reaktualisierung lebensethischer Prinzipien vorbeigehen. Weder eine derartige Gemeinschaftsinstanz (wie es die antike „Polis" etwa im Kontext der aristotelischen Ethik gewesen ist) noch ein aus deren Blickwinkel heraus urteilender Ethiker kann uns darüber belehren, worin das Gelingen oder Misslingen unseres Lebens besteht; das letzte Wort hierüber behält unter den Bedingungen des neuzeitlichen Rechtsverständnisses immer das freie Individuum. Aber: diese Einsicht darf nicht verwechselt werden mit der Bestreitung des Unterschieds zwischen Gelingen und Misslingen eines Lebens als solchen. Diesen Unterschied gibt es, und wenn es ihn gibt, dann ist es auch vernünftig, nach ethischen Maßstäben seiner Explikation zu suchen, die ihn zu verstehen ermöglichen. Nicht irgend eine kollektive, sei es staatliche oder religiöse Instanz, wohl aber der andere Mensch, mit dem ich zusammenlebe und der von meinen Lebensentscheidungen betroffen ist, kann eine Quelle sein, die mich darüber belehrt, worin das Gelingen meines Lebens besteht und worin nicht. Er kann es sein als mein Vorbild, mein Konkurrent, mein Partner, mein Schutzbefohlener, als vieles mehr – und eben insbesondere auch als derjenige, in dessen Perspektive ich mich, wie wir in der Einleitung sagten, kraft meines Berufes, Amtes oder meiner Rolle zu versetzen habe, um der sie konstituierenden ethischen Verantwortung gerecht zu werden. „Gerechtigkeit" bedeutet im Horizont des von unserem Begriff der „Angewandten Ethik" getragenen Verständnis normativer Ansprüche zunächst einmal das von mir als Träger solcher Verantwortung verlangte sachgerechte Handeln.[8]

---

8  Wichtig ist in diesem Kontext die in der aktuellen ethischen Diskussion vernachlässigte Kategorie der „Sachlichkeit" als Rationalitäts-

Auf allen dafür relevanten Handlungsfeldern sind die Maßstäbe solchen Handelns aber am je anderen Menschen orientiert, dem es dient und nützt: Der Regierende schwört seinen Eid darauf, den Nutzen des Volkes zu mehren und Schaden von ihm zu wenden, der Arzt ist dem Patientenwohl, der Medienschaffende der journalistischen Wahrhaftigkeit, der geschäftlich Handelnde der Verkehrssitte und „Treu und Glauben" verpflichtet usw. Insofern gehört es ganz elementar zu den Voraussetzungen der „Angewandten Ethik", sich zu fragen und danach zu richten, was dem anderen „zum Besten" dient. Dehnt man dies auf den gesamten Kreis der gegenseitig von ihrem Tun betroffenen rational Handelnden aus, dann ist man bei nichts anderem als unserer in 3.3.1 gebrauchten Formel, dass gerecht der ist, der das Gelingen des Lebens seiner Mitmenschen als Bedingung des Gelingens seines eigenen Lebens erkannt, also auch rational begriffen hat. Diesem Begreifen dient das von uns im Folgenden entfaltete Konzept von Personalität. Es geht davon aus, dass nicht etwa erst auf der zwischenmenschlichen, sondern zuvor in ganz entscheidender Weise auf der innermenschlichen Ebene ein Ringen um gelingendes menschliches Dasein stattfindet. Gelingen des Lebens heißt wesentlich und setzt voraus: mit sich selbst einig zu werden. Das aber ist eine Dimension, der man auf der „postkonventionellen" Ebene, auf der es um die Frage, welchen aus mir auf mich selbst ausgehenden Forderungen ich um des Gelingens meines Lebens willen zu genügen habe, gar nicht gehen kann, nicht gerecht werden kann.

prinzip lebensethisch rekonstruierter Handlungsverpflichtung; vgl. dazu Hähnel, Martin. 2015. *Das Ethos der Ethik. Zur Anthropologie der Tugend.* Wiesbaden: Springer VS.

## 2.3.3.1 Die Person als Selbstverhältnis

Nur ein Mensch, der zu seinem eigenen Leben in einer bestimmten Beziehung steht, kann auch gelingende Beziehungen zu seinen Mitmenschen aufbauen und aufgrund rationaler Anerkennung bewusst aufrechterhalten. Dies war schon die uralte Grundidee Platons, der die menschliche Seele als einen Staat (den „Idealstaat") im kleinen interpretierte;[9] sie steht auch hinter Aristoteles' Definition des Menschen als eines „politischen Lebewesens". Menschliches Leben ist ein Politikum. In ihm findet ein Kampf um sein Gelingen statt, und nur von den Erfahrungen dieses Kampfes aus kann auch der Kampf um gelingendes Zusammenleben zum Erfolg führen.

Der Mensch muss darum in seiner Verantwortung die Maßstäbe seines Zusammenlebens mit anderen Menschen begründen, um sich selbst zu finden und zu verwirklichen. Dies ist der Kern des Begriffs „Person". Personen sind wir nicht, insofern wir nur Individuen sind, aber auch nicht als Angehörige eines Kollektivs. Person bin ich, insofern ich das Unvergleichliche meines Lebens in Verantwortung vor dem Leben meiner Mitmenschen zu gestalten habe. „Insofern" bedeutet hierbei nicht etwa, dass ich mir aussuchen könnte, ob ich eine Person bin oder nicht. Ich finde mich, allein weil ich ein menschliches Wesen bin, als solche vor, und auch „Vorfinden" heißt hier nicht, dass ich mir dessen bewusst sein müsste. Auch wer schwerstbehindert oder komatös ist, findet sich als Person vor: in denen, die ihn als solche wahrnehmen und respektieren müssen. Wenn einer von uns aufgrund Krankheit, Behinderung oder Unfall unfähig ist, sich als Person wahr-

---

9 Zur Bedeutung der „Idealstaats"-Metapher im Kontext von Platons politischer Philosophie, vgl. Schweidler, Walter. 2014. *Der gute Staat. Politische Ethik von Platon bis zur Gegenwart*, 2. Aufl. Wiesbaden: Springer VS.

zunehmen, dann ist es unser aller Problem, wie wir mit ihm umzugehen haben, damit er sich – durch uns – als Person vorfindet.

Nirgendwo zeigt sich dieses gleichursprünglich inner- und interpersonale Beziehungsgefüge greifbarer als im Urphänomen des *Gewissens*. Dessen philosophische Rekonstruktion hat sich, zumindest in dem für seine Explikation in der geistesgeschichtlichen Tradition mächtigsten und bis heute aktuellen Denkstrang,[10] von Anfang an auf die Entscheidung zwischen Wahrheit und Irrtum zurückverwiesen, vor die man sich durch den „Ruf des Gewissens" gestellt sieht. Das Gewissen kann irren, und als letzten Maßstab für Irrtum und Wahrheit des Gewissens kann man, wenn man das Phänomen nicht in seiner Wurzel verkennen will, keine kollektive Instanz auf den Plan rufen. Sondern dieser Maßstab kann nur in der Person selbst liegen, die bereit ist, sich durch vernünftiges Nachdenken darüber belehren zu lassen, was sie von sich selbst verlangen muss und damit eigentlich sogar, wer sie wirklich ist.

### 2.3.3.2 Die Unverfügbarkeit der Person

Am Ende jeden solchen Prozesses der Selbstfindung und der Belehrung über die eigene Selbstverwirklichung steht aber immer der einzelne im Verhältnis zu sich selbst. Ich kann immer wieder entdecken, dass ich mehr und anderes bin als das, was ich bislang zu sein glaubte, aber ich kann nichts und niemanden entdecken, wodurch mir die Anerkennung dieser Erkenntnis abgenommen würde. Der andere ist Inhalts-, nicht Konstitutionsprinzip meiner Belehrung über mich selbst.

---

10 Vgl. zu der um sie geführten Auseinandersetzung, Schweidler, Walter. 2012. *Über Menschenwürde. Der Ursprung der Person und die Kultur des Lebens*. Weinheim: vc Kapitel 4c.

Dieses Konstitutionsprinzip ist nämlich nicht nur ich, sondern letztlich sogar mir selbst entzogen. Was mich zu der Person macht, die ich bin, entzieht sich jeder ethischen Theorie. Die Einsicht, dass ich Person nur sein kann, weil es zwischen Menschen ein Geschehen der Anerkennung der Unvergleichlichkeit jeder Person gibt, verbindet mich mit meinen Mitmenschen zu einem Verband, der Verantwortung für die Aufrechterhaltung dieses Geschehens trägt. So wie ein Kind die Sprache nicht dadurch lernt, dass sie ihm mittels einer pädagogischen, psychologischen oder linguistischen Theorie beigebracht, sondern dadurch, dass es von vornherein als sprechendes Wesen behandelt wird, so sind wir Personen nur dadurch, dass wir immer schon als solche behandelt werden. Ethik ist eine Besinnung auf die Maßstäbe der Aufrechterhaltung dieses Geschehens der wechselseitigen personalen Anerkennung. Ihr Leitfaden kann es deshalb sein, nach den spezifischen Handlungsfeldern zu fragen, auf denen personale Verantwortung sich gegenüber dem ihr innewohnenden Anspruch zu konkretisieren hat. Die Felder, auf denen wir Prinzipien personaler Verantwortung herauszuarbeiten versuchen, bieten keinen geschlossenen Katalog der Entscheidung ethischer Streitfragen, sondern exemplarische Ausgangspunkte ethischen Argumentierens. Für die Ethik gilt womöglich noch direkter als für alle anderen Disziplinen Kants Wort, dass man nicht die Philosophie, sondern nur das Philosophieren lernen kann.

**Literaturhinweis**
Grundlegend zum Zusammenhang zwischen deontologischer und Lebensethik:

R. Spaemann, *Glück und Wohlwollen. Versuch über Ethik.*
  Stuttgart (Klett-Cotta) 1989.

**Verwendete Literatur**

Jaspers, Karl. 1932. *Philosophie*. Bd. II: Existenzerhellung. Berlin: Julius Springer.

Habermas, Jürgen. 1973. *Legitimationsprobleme im Spätkapitalismus*. Frankfurt a. M.: Suhrkamp (= es 623).

Habermas, Jürgen. 1983. *Moralbewußtsein und kommunikatives Handeln*. Frankfurt a. M.: Suhrkamp (= stw 422).

Kant, Immanuel. 1983 [1788]. *Kritik der praktischen Vernunft*. In I. Kant, Werke in zehn Bänden. Sonderausgabe 1983. Bd. 6. Schriften zur Ethik und Religionsphilosophie. Erster Teil. Hrsg. W. Weischedel. Darmstadt: Wissenschaftliche Buchgesellschaft.

Luhmann, Niklas. 1977. Zweckbegriff und Systemrationalität. Über die Funktion von Zwecken in sozialen Systemen. Frankfurt a. M.: Suhrkamp (= stw 12).

Luhmann, Niklas/R. Spaemann. 1990. *Paradigm lost: Über die ethische Reflexion der Moral*. Frankfurt a. M.: Suhrkamp (= stw 797).

MacIntyre, Alasdair. 1987. *Der Verlust der Tugend*. Frankfurt a. M./New York: Campus.

Rawls, John. 1971. *Eine Theorie der Gerechtigkeit*. Frankfurt a. M.: Suhrkamp (= stw 27).

Ricœur, Paul. 1966. *Das Selbst als ein Anderer*. München: Wilhelm Fink.

Scheler, Max. 1980 [1913/1916]. Der Formalismus in der Ethik und die materiale Wertethik. Neuer Versuch der Grundlegung eines ethischen Personalismus. In *M. Scheler, Gesammelte Werke,* Bd. 2, 6. durchges. Aufl. Bern/München: Francke.

Schweidler, Walter. 2006. Normkultur versus Nutzenkultur: Worüber streitet die Bioethik? In *Normkultur vs. Nutzenkultur,* Hrsg. Thomas Sören Hoffmann/Walter Schweidler, S. 3–28. Berlin/New York: de Gruyter.

# 3 Die Person als Sinnhorizont humanen Handelns

## 3.1 Die negative Konstitution des Personbegriffs

Wenn wir Handlungen mittels ethischer Kategorien beschreiben und beurteilen, dann liegt diesem Vorgang die prinzipielle Vergleichbarkeit des Lebens von Menschen zugrunde. Alle punktuellen Ereignisse, die sich innerhalb der Spanne Zeit abspielen, welche das menschliche Leben bilden, sind in irgendeiner Hinsicht mit entsprechenden Ereignissen im Leben anderer Menschen vergleichbar. Zugleich zieht sich durch die einzelnen Ereignisse des Lebens etwas hindurch, das sich mit keiner „Handlung" identifizieren und auch nicht als ihre Summe zusammenfassen lässt, wodurch sich jeder von allen anderen Menschen unterscheidet. Den Träger dieser einmaligen Art zu leben, die jedem Menschen seine Unverwechselbarkeit verleiht, kann man am ehesten mit dem klassischen Begriff der Person zu fassen versuchen.

Dieser Begriff ist über mehr als ein Jahrtausend hinweg Gegenstand unüberschaubarer philosophischer Auseinandersetzungen gewesen und bis heute umstritten. Es ist klar, dass in unsere soeben gegebene Bestimmung mit dem „Träger" eine partiell metaphorische und höchst präzisierungsbedürftige Kennzeichnung eingeflossen ist. Aber sie scheint im Kontext der angewandten Ethik die sinnvollste Kategorie zu sein, wenn wir auf den Begriff bringen wollen, was wir oben unter 2.3.3.1 als das genuin menschliche Selbstverhältnis gefasst haben. Gerade wenn es keine kollektive Instanz sein soll und darf, vor der wir uns rechtfertigen, wenn wir vernünftige Gründe für unser Handeln angeben, dann müssen wir den „Partner", an den sich unser Anspruch auf gerechtfertigtes Handeln richtet, primär und unrevidierbar in uns selbst suchen. Dafür reicht nun auch die so wesentliche Größe, die wir als unser Gewissen bezeichnet haben, nicht mehr allein aus. Denn das Ge-*wissen* stellt uns vor eine Einsicht und konfrontiert uns mit einem Anspruch, aber es entscheidet nicht darüber, ob wir ihr und ihm folgen oder nicht. Jeder von uns ist, wenn er bewusst und begründet handelt, für sich selbst und nur deshalb auch vor allen anderen, die von seinem Handeln betroffen sind, verantwortlich. Wie aber soll man den Raum dieser Selbstbeziehung fassen, „in" dem sich jeder zu sich verhält und verhalten muss? Die große Linie, mit der die Philosophie des zwanzigsten Jahrhunderts diese Frage beantwortet hat, steht im Zeichen zweier prinzipieller Kennzeichnungen dessen, was uns zu denen macht, die wir sind: Zeit und Leben.

Jedem von uns ist eine Spanne Zeit gegeben, durch die hindurch und in der allein wir existieren. Wenn ich tot bin, habe ich nicht die Eigenschaft, lebendig zu sein, verloren, sondern es gibt mich nicht mehr. Mein Sein und mein Leben sind eins; *vivere viventibus est esse*. Wenn ich mir aber dieser Spanne Zeit in ihrer Gesamtheit und Einheit bewusst werde, verstehe ich zugleich, dass ich niemals nur und ganz und gar der bin, der sich ihrer bewusst wird, sondern immer auch der, *dessen* ich mir damit bewusst werde, also der, der ich bis zum Ende meines Lebens sein werde, ob ich will oder nicht. Die Existenzphilosophie hat dies in das Prinzip gefasst, dass ich als Mensch immer auch bin, der ich nicht bin und nicht bin, der ich bin, dass ich mich also in dem ich mich zu mir auch zum Nichts verhalte. Wenn diese Ausgangseinsicht im „Nihilismus" oder in der Identifikation mit dem „Absurden" endet, gibt es zur Ethik natürlich keine Brücke; dann ist, wenn man so will, „alles erlaubt". Anders steht es, wenn man jenes „Nichts" zeitlich begreift, also als den beständigen Zusammenhang zwischen dem, was ich „noch nicht" und „nicht mehr" und was ich bin in dem beides in einander übergeht. Mit mir geht etwas „vorbei", das sich von dem, was „nie gewesen" ist, im tiefsten nur denkbaren Sinne unterscheidet. Der große Phänomenologe Maurice Merleau-Ponty (1964, S. 300) hat in einer Wendung gegen Sartre gesagt, das leibliche Ich sei nicht „*rien*" und nicht „*néant*", sondern „*personne*", es liege „jeder Benennung voraus, um Fungierender zu sein oder derjenige, dem all dies zustößt"; wir haben dies oben (1.3.3.2) als die Unverfügbarkeit zu fassen versucht, in der die Person sogar sich selbst gegenübergestellt ist, weshalb auch die Rechte des Menschen von ihrer ersten geschichtlich bedeutsamen Bestimmung an immer als „unveräußerlich" bezeichnet worden sind. Übrigens liegt in dieser fundamental „negativen" ontologischen Grundkennzeichnung der Person der Schlüssel dafür, dass in der Neuzeit das Recht zum eigentlichen Paradigma der ethischen Charakterisierung des menschlichen Lebens und Zusammenlebens geworden ist, denn das Recht ist ja selbst wesentlich „Negation der Negation", es ist, wie Kants klassische Bestimmung lautet, der Zwang, der dem Unrecht „entgegengesetzt wird, als *Verhinderung* eines *Hindernisses der Freiheit* mit der Freiheit nach allgemeinen Gesetze zusammen stimmend", wobei „Unrecht" nichts anderes ist als jener Gebrauch der Freiheit, der „ein Hindernis der Freiheit nach allgemeinen Gesetzen" ist (Kant 1983 [1797], Metaphysik der Sitten, Rechtslehre, Einleitung AB 35). Wir werden darauf im Kapitel 5 zurückkommen. Die letzte ethische Begründung für allen Zwang, der von Menschen über Menschen ausgeübt wird, liegt in der Freiheit jedes einzelnen, sein Leben als die ihm und nur ihm verliehene Spanne Zeit selbstbestimmt zu führen und es in Verantwortung vor allen anderen zu beherrschen – eben das dadurch aufgespannte, das interpersonale Verhältnis ist es, durch das jeder, vor dem wir unser Handeln zu verantworten haben, gleichursprünglich mit jedem, der zu diesem verantwortlichen Handeln fähig ist, als Person konstituiert ist. Von hier geht auch unser gesamter Ansatz der „Angewandten Ethik" aus, dessen Personbegriff im Folgenden kurz skizziert werden soll. Dabei wird zunächst die Bedeutung von Personalität und Interpersonalität hervorgehoben und der Begriff der Menschenwürde erläutert (3.2).

Der dritte Abschnitt beschäftigt sich mit der Notwendigkeit und der Grenze ethischer Rechtfertigung (3.3).

Schließlich wird auf den zentralen lebensethischen Begriff der Nähe aufmerksam gemacht und dieser durch den Begriff der Hilfe ergänzt (3.4).

## 3.2 Personalität und Menschenwürde

### 3.2.1 Personalität und Interpersonalität

Zum Inhalt des Personbegriffs gehört die Interpersonalität des Menschen, d.h. die Einsicht, dass persönliche Unverwechselbarkeit nur durch gegenseitige Anerkennung von Personen zustande kommt. Personen gibt es, wie Robert Spaemann (vgl. Spaemann 1996) in seiner Erläuterung der klassischen Formel von Boethius, wonach der Begriff *persona* die „individuelle Substanz einer rationalen Natur" bezeichne, lapidar gesagt hat, nur im Plural. Person zu sein bedeutet etwas anderes als nur, ein Individuum der Art *homo sapiens* oder eine Element der Klasse der Menschen zu sein. Der *Inhalt* der Begriffe „Mensch" und „Person" deckt sich also nicht; anders wäre es gar nicht erklärbar, dass über die Frage, ob sich der *Umfang* dieser beiden Begriffe deckt, ob also alle Menschen Personen sind, bis heute erbitterter Streit herrscht. Dabei stehen sich, sehr vereinfacht gesagt, zwei Grundpositionen gegenüber:

- Die eine verneint die Frage mit der Begründung, dass Personalität durch bestimmte Eigenschaften wie Sprachfähigkeit, Denkfähigkeit, Zukunftsbezogenheit und auf jeden Fall Bewusstheit definiert sei, die nicht alle menschlichen Individuen haben und über die sogar kein menschliches Individuum während der gesamten Spanne seiner Existenz verfügt. Personalität wurzelt demnach in einem Willensakt, in dem die durch ihre Denk- und Handlungsfähigkeit dazu in der Lage befindlichen Individuen einander gegenseitig als Personen anerkennen und darüber entscheiden, wer zu ihrem Kreis zugelassen werden soll und wer nicht.
- Die andere Position bejaht die Frage, ob alle Menschen Personen seien, mit der Begründung, dass sich die Definition der Person auf die genannten Eigenschaften nur deshalb stützen kann, weil diese Eigenschaften aus der genuin menschlichen, der vernünftigen Natur entspringen, die jedem von uns angeboren ist. Diese Natur zeigt sich in voller Entfaltung nur an den bewussten, denk- und handlungsfähigen Individuen, aber es wäre Unsinn zu sagen, dass wir in den Abschnitten unseres Lebens, in denen sie sich nicht so zeigt, diese Natur gar nicht hätten; denn dann müssten wir, da ja nun einmal die Natur in ein lückenloses, durch die Evolution konstituiertes Geflecht von Arten eingeteilt ist, in diesen Abschnitten entweder Wesen von einer anderen als der menschlichen Art sein oder dürften überhaupt keiner Art angehören; beides ist vernünftig nicht begründbar.

Wir haben uns mit dem, was wir oben unter 2.3.3.1 über das Verhältnis sagten, aufgrund dessen sich jeder von uns in und mit den anderen als Person vorfindet, schon der letzteren Position angeschlossen. Wir werden das nun auch in der Folge tun, und zwar wiederum mit der in unserer einleitend skizzierten Art von Begründung: Nur die zweite, die Position, die allen Menschen das Personsein zuspricht, macht – jedenfalls im Hinblick auf den größten Teil der uns hier beschäftigenden Fragen – begreiflich, warum es Ethik und damit auch „angewandte Ethik" überhaupt gibt. Wäre die erstgenannte Position richtig, dann würde in all diesen Fragen allein die Politik, natürlich in Form geregelter Gesetzgebung, aber eben doch auf der Basis der Willensentscheidung einer durch nichts anderes mehr kontrollierbaren Mehrheit, darüber entscheiden, was Personsein bedeutet und wer als Person zählt. Dies ist mit der für alle neuzeitliche Begründung von Normativität zentralen Einsicht, dass es vorstaatliche Rechte des Menschen gibt, die auch der Mehrheitsentscheidung vorgelagert sind und ihr Grenzen setzen, unvereinbar. Bei dieser zugegebenermaßen vertiefungsbedürftigen Begründung wollen wir es einstweilen bewenden lassen. Wir werden in allen einzelnen Kapiteln auf das Verhältnis von menschlicher Natur, Personalität und legitimer Staatlichkeit zurückkommen. Zunächst gilt es, den Begriff der Interpersonalität genauer zu explizieren.

Der römische Philosoph und Politiker *Marcus Tullius Cicero* (106–43 v. Chr.) spricht von zwei Rollen (lat. *personae*), die dem Menschen seine Eigenart verleihen und die es nur in Verbindung miteinander gibt: Einmal die allen gemeinsame vernünftige Seinsweise, die den Menschen mit den anderen Angehörigen des Menschengeschlechts zu einer mehr als nur biologischen Verwandtschaft verbindet. Zum zweiten die einzigartige Individualität, die er nur dadurch entwickelt, dass er von seinesgleichen als unvergleichlich anerkannt und behandelt wird:

„Auch muss man einsehen, dass wir von der Natur gleichsam mit zwei Rollen ausgestattet sind: die eine ist eine gemeinsame daher, weil wir alle teilhaftig sind der Vernunft und des Vorzugs, durch den wir uns auszeichnen vor den Tieren, von der alles Ehrenhafte und Schickliche hergeleitet wird und von der aus der Weg zur Auffindung des pflichtgemäßen Handelns gesucht wird: die andere aber eine, die in besonderem Sinne den einzelnen zugeteilt wird." (Cicero [1992], S. 95)

Dies ist eine bis heute gültige Konzeption, die den Universalanspruch der menschlichen Vernunft und der Grenze, die seiner positiven Explikation durch die unverfügbare Individualität seines Trägers gesetzt ist, zusammenhält. Im Ergebnis bedeutet sie: Personalität ist notwendig Interpersonalität. Was den Menschen mit allen seinesgleichen im Unterschied zum Nichtmenschlichen verbindet, kommt gerade dadurch zustande, dass wir die Personalität an jedem von uns als etwas Unvergleichliches respektieren. Indem wir einander als Personen behandeln, werden wir zu dem, was diese Behandlung rechtfertigt. Personalität ist ein Vertrauensverhältnis, das sich durch die Vorwegnahme seiner selbst erfüllt und rechtfertigt. Personalität als solche kann gar nicht angezielt oder bewusst herbeigeführt werden.

### 3.2.2 Der Begriff der Menschenwürde

Das Verhältnis, das sowohl zwischen Personen als auch in der Beziehung jeder Person zu ihrem Leben besteht, bezeichnen wir als die Würde des Menschen. Wenn die Würde dasjenige ist, was alle Menschen miteinander verbindet und von allen nichtmenschlichen Wesen unterscheidet, dann steht der Begriff „Würde" strukturell genau an der Stelle, an der in der metaphysischen Tradition die „Natur des Menschen" stand. Diese Feststellung hat nichts Verfängliches, wenn man sich klarmacht, dass Natur *(physis)* im Kontext der griechischen Philosophie und damit im Horizont der klassischen Lebensethik gerade nicht das bedeutet, was sie dann bei Descartes, Galilei und Kant geworden ist: den Inbegriff gesetzlich geregelter Erscheinungen, das große Räderwerk, das Gesetzen folgt, die letztlich für alle ihnen unterworfenen Wesen die gleichen sind. Im Gegenteil: *physis* bedeutet das, „was sich von sich selbst her zeigt", das Gegenteil alles Technischen und Programmierten, jenes Innerste, von dem ein Lebewesen im Unterschied zum Artefakt seine Verwirklichung erfährt. „Natur" ist im metaphysischen Denken gerade kein Homogenisierungs-, sondern ein Differenzkonzept.[11]

Das bedeutet für den Horizont der „angewandten Ethik": Der Mensch steht der Natur nicht gegenüber wie das cartesische „denkende Ding" der *res extensa*; sondern der Mensch hat, wie alle anderen Lebewesen, eine artgemäße Natur, und diese zeigt sich, wie überall, an dem, wodurch er sich von allen Wesen anderer Arten unterscheidet. Der Mensch, der, wie der stoische oder auch der klassische buddhistische Terminus lautete, „seiner Natur folgt", richtet sich nicht nach dem tierischen „Recht des Stärkeren", sondern nach dem, was ihn artgemäß von allen Tieren unterscheidet: nach der Vernunft. Das einzigartige Paradox des Menschen besteht nur darin, dass es gerade die Vernunft ist, die ihm von Natur aus auch die Fähigkeit verleiht, seiner Natur entgegenzuhandeln, also „unmenschlich" zu sein. Der Entschluss, seiner Natur zu folgen, ist beim Menschen nicht selbst aus Natur zu erklären, sondern setzt etwas voraus, das es ihm erlaubt und von ihm verlangt, die Natur zu überschreiten. Mit diesem Paradox fertig zu werden: das ist die Aufgabe, die auch in der angewandten Ethik auf Schritt und Tritt bewältigt werden muss. Der Natur

---

11 Vgl. dazu Schweidler, Walter. 2001. Die Wahrheit der Grenze. Zu den metaphysischen Implikationen des modernen Wissenschaftsbegriffs In *Religion – Metaphysik(kritik) – Theologie im Kontext der Moderne/Postmoderne*, Hrsg. Markus Knapp/Theo Kobusch, S. 169–186, Berlin/New York: de Gruyter.

zugleich folgen und sie überschreiten: das ist das Prinzip der „Menschlichkeit", auf dem das Verhältnis der menschlichen Person zu sich und allen ihresgleichen beruht. Es ist zugleich der Schlüssel zum Begriff der Menschenwürde.

Gerechtigkeit bedeutet letztlich den Respekt vor der Würde der in ihrer Eigenart uneinholbaren Person. Die Menschenwürde ist von drei Grundbestimmungen her zum ethischen Kriterium zu machen:

Würde ist ein Verhältnis, keine Eigenschaft: Es gibt zwar Eigenschaften, ohne die Menschen das würdige Verhältnis zueinander nicht hätten aufbauen können; doch dies sind notwendige, nicht hinreichende Bedingungen. Über unsere Würde entscheidet nicht der natürliche biologische Prozess, ohne den wir sie nicht erreicht hätten, sondern das Verhältnis, in das wir durch diesen Prozess hindurch zu allen anderen Menschen eingetreten sind. Es ist dieses Verhältnis selbst, durch das uns das Eintreten für seine Aufrechterhaltung und Weitergabe geboten ist. Die Bedingungen einer gelingenden Aufrechterhaltung und Weitergabe dieses Verhältnisses zu bestimmen, ist die zentrale Aufgabe der Ethik, von der her die verschiedenen Handlungsfelder einen gemeinsamen Bezugspunkt bekommen, der im Gelingen unseres Lebens und Zusammenlebens besteht.

Würde ist ein Status, kein Verdienst: Eben weil nicht die Leistungen der Menschen den Grund unserer Personalität bestimmen, sondern das durch sie hervorgerufene Verhältnis, kann kein Angehöriger des Menschengeschlechts einem anderen die Personalität absprechen. Träger der Menschenwürde sind alle Wesen, denen gegenüber dieses Verhältnis besteht. Nicht wer es wahrnehmen kann, sondern wen ich als zu ihm gehörig wahrnehmen muss, sobald ich mich selbst als Person wahrnehme, gehört zu den Inhabern des personalen Status. Dies ist eine sehr wesentliche Feststellung: Die für ein personales Wesen konstitutive Macht ist essentiell passiver Natur. Wir hatten oben (2.1) gesagt, dass jeder bewusst und begründet Handelnde vor allen Menschen verantwortlich ist, die von seinem Handeln betroffen sind. Dies müssen wir nun in entscheidender Weise präzisieren: Nur Personen können bewusst und (rational) begründet handeln, aber man ist keineswegs nur Person, wenn man aktuell in der Lage ist, bewusst und begründet zu handeln. Vielmehr ist Person jeder, vor dem sich ein bewusst und begründet Handelnder zu verantworten hat. Nicht die Fähigkeit zu handeln, sondern das Verhältnis, in dem man als Handelnder zu allen vom eigenen Handeln Betroffenen steht, konstituiert Personalität. Der Handelnde ist Person, weil er zu dem Verband aller Personen gehört, vor dem er sein Handeln zu rechtfertigen hat. Diese alle aber sind Personen, weil er und jeder Handelnde sich vor ihnen zu rechtfertigen hat. Kant hat dies in einer für seine Ethik zentralen und doch relativ versteckten Passage festgehalten, in der die entscheidende Bestimmung des Personbegriffs in der Klammer steht. Er sagt über den Menschen,

„daß dieses seine Würde (Prärogativ) vor allen bloßen Naturwesen es mit sich bringe, seine Maximen jederzeit aus dem Gesichtspunkte seiner selbst, zugleich aber auch jedes andern vernünftigen als gesetzgebenden Wesens (die darum auch Personen heißen), nehmen zu müssen. Nun ist auf solche Weise eine Welt vernünftiger Wesen... als ein Reich der Zwecke möglich, und zwar durch die eigene Gesetzgebung aller Personen als Glieder." (Kant, Grundlegung der Metaphysik der Sitten, BA 83.)

Das „darum" muss man sich hier dick unterstreichen: Wir sind Personen, weil jeder, der jemals handelt, auf jeden von uns Rücksicht nehmen, das heißt sein Tun vor uns rechtfertigen können muss. Person ist jeder, durch dessen Augen mich zu erblicken und zu beurteilen ich durch die rechtliche Lebensform gezwungen bin, in der ich mich selbst vorfinde, sobald ich Denk- und Handlungsfähigkeit erlange. An der Erhaltung dieser Lebensform hängt die Würde des Menschen.

Würde ist nur als Aufgabe, nicht als Privileg wahrnehmbar: Personalität wird dort wahrgenommen, wo ein Mensch bereit und fähig, ist, sich für das, was er tut, zu rechtfertigen. Als Person nehme ich mich also wesentlich dort wahr, wo ich die vor allen anderen Personen vertretbaren Gründe für das anführen kann, was ich tue. Gründe erheben den Anspruch, für alle Menschen zu gelten, egal ob sie auf diese Gründe hören oder auch nur fähig sind, auf sie zu hören oder nicht. Wenn ich aber Person dadurch bin, dass ich mich für mein Handeln rechtfertigen kann, dann setzt dies voraus, dass Personalität in einem Verhältnis besteht, aufgrund dessen ich mich für dieses Handeln auch rechtfertigen *muss*. Mich darauf zu berufen, dass ich mich rechtfertigen kann, hätte keinen Sinn, wenn ich mich nicht als ein Wesen verstünde, das unter Rechtfertigungszwang steht. Dieser Zwang, nicht ein wie immer geartetes Privileg, hebt mich als Angehörigen des Menschengeschlechts aus allen sonstigen natürlichen Wesen heraus.[12]

## 3.3 Rechtfertigung und Verantwortung

### 3.3.1 Person und Sache

Verantwortliches Handeln ist Handeln, durch das der Mensch der Notwendigkeit, sich vor allen anderen seinesgleichen zu rechtfertigen, zuvorkommt und sich innerhalb des ihm durch den Respekt vor der Würde aller Menschen gelassenen Spielraums bewegt. Wenn diese Würde sich essentiell aus dem Verhältnis ergibt, das den Menschen mit allen anderen seines-

---

12 Vgl. hierzu auch Schweidler, Walter. 2001. *Das Unantastbare. Beiträge zur Philosophie der Menschenrechte*. Münster: LIT, Einleitung.

gleichen verbindet und von allen nichtmenschlichen Wesen unterscheidet, dann bedeutet dies, dass die natürliche Grenze, die das menschliche von nichtmenschlichem Dasein trennt, zugleich konstitutiv für Grund und Grenze unserer Verantwortung gegenüber Mensch und Nichtmensch ist. Weil die Differenz von Mensch und Nichtmensch von Natur aus eindeutig, das heißt aufgrund der biologischen Artgrenze vorgegeben ist, kann sie auf die rechtliche Ebene nur in Form einer ebenso eindeutigen Abgrenzung transformiert werden. Als Prinzip dieser unsere Würde als Menschen definierenden Grenze dient bis heute die vollständige Disjunktion zwischen Person und Sache. Das ist der Kerninhalt von Kants klassischer Formel für die Würde als Komplementärbegriff zum Preis:

„Im Reich der Zwecke hat alles entweder einen Preis oder eine Würde. Was einen Preis hat, an dessen Stelle kann auch etwas anderes, als Äquivalent gesetzt werden; was dagegen über allen Preis erhaben ist, mithin kein Äquivalent verstattet, das hat eine Würde." (Kant 1983 [1788], BA 77.)

Es gibt keine klarere und eindeutigere Explikation des Prinzips allen menschlichen Rechts in der neuzeitliche Philosophie, und insofern ist diese Formel bis auf den heutigen Tag gültig, unbeschadet der Kritik und Transformation die Kants noch in der Metaphysik wurzelnde Bestimmung des Trägers der Personalität als eines „transzendentalen Subjekts" jenseits von Raum und Zeit in den späteren Jahrhunderten erfahren hat. *Die Würde des Menschen verbietet es insbesondere, das Leben einer Person gegenüber anderen Gütern oder das Leben einer Person gegenüber dem anderer Personen abzuwägen oder für deren Zwecke zu instrumentalisieren.* Nur wenn es eine den Menschen gegenüber allen anderen seinesgleichen verpflichtende Würde gibt, kann man zu Recht von menschlichem und unmenschlichem Handeln sprechen. Dann kann auch unmenschliches Handeln gegenüber Tieren kritisiert und bestraft werden. Kein Tier kann ein anderes Tier unwürdig behandeln, nur der Mensch kann im Umgang mit nichtmenschlichen Wesen gegen seine Würde verstoßen und dafür zur Rechenschaft gezogen werden.

### 3.3.2 Der Begriff der Vernunft

Grundlage unseres Rechtfertigenkönnens und Inbegriff der Eigenart des Menschengeschlechts gegenüber seinem gesamten natürlichen Umfeld ist die Vernunft, d. h. das durch Sprache, Logik und Mathematik eröffnete Weltverhältnis, innerhalb dessen wir den Anspruch erheben, im Prinzip (natürlich nicht tatsächlich) alles außer uns in der Welt Vorkommende als dasjenige, was es ist, nachvollziehen und wiedergeben zu können. Dieses Verhältnis ist der Inbegriff derjenigen unvergleichlichen Art und Weise, in der die Menschen mit allem, was es in der Welt gibt, verbunden sind. Dass dieses Verhältnis existiert, kann nicht selbst noch einmal Folge einer zu rechtfertigenden Entscheidung sein – sonst müssten wir wieder ein Verhältnis annehmen, auf dem diese höhere Art von Rechtfertigung beruht. Vielmehr wachsen wir von Natur aus in dieses Verhältnis hinein. Hier gilt nun aber wieder, wie wir oben sagten, dass wir von Natur aus unsere Natur überschreiten. Der augenfällige und für unsere gesamte Geschichte leitende Beleg dafür ist, dass wir durch die Vernunft Fähigkeiten und Eigenschaften erwerben können, die kein Mensch vor uns hatte. Die Menschen haben das Feuer gebändigt, das Rad erfunden, Fliegen gelernt, Alkohol und Tabak erzeugt, den Mond betreten, den Atomkern gespalten und unendlich vieles mehr geleistet, wofür ihre Natur die notwendige, aber nicht die hinreichende Voraussetzung gewesen ist. Die Vernunft erschließt uns immerfort etwas, das ohne unsere bis je dahin reichende Entwicklung nicht möglich gewesen wäre, aus ihr aber auch nicht aufgrund einer naturgesetzlichen Vorgängen entspringenden Notwendigkeit erklärt oder vorausgesagt werden konnte und könnte. Es gibt eine in Vernunft nicht auflösbare faktische Ausgangsbasis unseres vernünftigen Daseins, vor allem unsere *leibliche* Konstitution; aber es gibt eine vernünftige Entwicklung dieses Daseins, die nicht aus Natur allein zu begreifen ist.

Ebensowenig wie die Entwicklung des menschlichen Daseins kann man daher die Zugehörigkeit aller menschlichen Individuen zum Menschengeschlecht aus Ursachen ableiten, die auch nur eines von ihnen zur bloßen Funktion des faktischen Bestandes der anderen machen könnten. Darum hat sich auch kein Mensch für seine Existenz als solche vor anderen zu rechtfertigen. Eine Hauptaufgabe der Ethik, die das Grundverhältnis von personalem Leben und interpersonaler Rechtfertigung auszulegen versucht, besteht daher in der Wachsamkeit gegenüber jeglicher Relativierung des unbedingten Anspruchs aller Menschen, fraglos als Angehörige eines in seiner Zusammensetzung nicht mehr zu rechtfertigenden Rechtfertigungsverbandes anerkannt zu werden. Einen abstrakten, als allgemeines Prinzip formulierbaren Grund kann man hierfür nicht angeben; vielmehr ist jeder uns auf seine unverwechselbare Art gegenübertretende Mensch der lebende und personifizierte Grund für den allgemeinen Respekt vor Personalität. Der letzte Grund aller abstrakten Gründe ist, wenn wir an die Grenze theoretischen Begründens kommen, so vielfältig wie die Personen, auf die wir uns berufen, wenn wir Gründe für das suchen, was wir sagen und tun. Ethik besteht daher wesentlich in der Verteidigung des Prinzips der Universalität der Menschenwürde, d.h. der Unteilbarkeit menschlicher Verantwortung.

**Literaturhinweis**
Schweidler, Walter. 2012. *Über Menschenwürde. Der Ursprung der Person und die Kultur des Lebens.* Weinheim: VC.

## 3.4 Nähe und Hilfe

Universale Verantwortung vor allen seinesgleichen schließt, da der Mensch ein endliches Wesen ist, die spezielle Verpflichtung gegenüber wenigen nicht etwa aus, sondern kann von ihr gar nicht getrennt werden. Wir können das, was wir im Prinzip allen Menschen schulden, nur gegenüber sehr wenigen erfüllen. Selbst eine Mutter Teresa musste sich entscheiden, in welchem Winkel der Erde sie ihr humanes Werk zu leisten vermochte. Insofern haftet unserem Handeln, gerade weil und insofern es vernünftig zu rechtfertigen ist, immer ein symbolisch-repräsentierender Faktor an: Unsere Menschlichkeit zeigt sich in Handlungsfeldern, eben wesentlich in denen, die uns durch Beruf, Amt und Rolle umschrieben sind, die untrennbar vom Inhalt unserer Verantwortung auch deren Grenzen konstituieren und die sie tragenden Gebote für uns überhaupt erst erfüllbar machen. Eine „Verantwortung" für den Lauf und die Verbesserung „der Welt" als ganzer haben wir nicht. Wer sich eine solche anmaßt, muss unglücklich und kann zum Fanatiker werden. Die Welt wird besser, wenn es mehr gute Handlungen gibt, aber der Grund der Verbesserung liegt dann in der Güte dieser Handlungen und nicht im Zustand „der Welt". Wer „nur das Rechte in seinen Sachen" tut, der kann darauf vertrauen, dass sich das andre „von selber machen" wird (Goethe: *Gedichte. Ausgabe von letzter Hand,* 1827, Sprichwörtliches).

### 3.4.1 Der Begriff der Nähe

Es ist ein philosophisches (nicht primär ein religiöses) Grundprinzip, dass man als Mensch nicht „dem Menschen" als einem Abstraktum oder einer Gattung, sondern immer dem „Nächsten" gegenüber human zu sein hat. Dabei haben wir es niemals ganz in der Hand, wer unser Nächster ist und wird. Gerade dieser Gesichtspunkt der Nähe ist einer, den weder die Kantische noch die utilitaristische Handlungsethik befriedigend zu bewältigen vermag. Es gibt etwa Pflichten gegenüber der eigenen Familie, die man als Mensch einfach durch den Eintritt in diese Familie übernimmt. Diese Pflichten hat man nicht deshalb, weil das Glück der eigenen Familie größer wäre als dasjenige, welches man einer anderen Familie bereiten könnte; oder weil der Begriff der Familie sich aufhöbe, wenn man sich vornimmt, sich statt um die eigene um andere Familien zu kümmern. Was die spezifische Verantwortung gegenüber der eigenen Familie begründet, ist der kontingente, aus keinem allgemeinen Prinzip mehr ableitbare Lauf des eigenen Lebens. Wie man sich zu diesem in seiner Eigenart und Einzigartigkeit verhält, ist die Grundfrage, an der sich die eigene Verantwortung konkretisiert. Es gibt also eine kulturell konstituierte, aber natürlich begründete Staffelung der Verpflichtung, die wir den Menschen gegenüber wahrzunehmen haben. Der Arzt, der zufällig an der Unfallstelle eintrifft, steht dem Verunfallten näher als ich, der ihn genauso vor sich liegen sieht wie jener. Nähe ist also wesentlich durch Beruf, Amt und Rolle, allgemeiner (und mit Hegel) gesprochen: durch sittliche Verhältnisse konstituiert. Wer in sie eintritt, muss wahrzunehmen fähig sein, wem er der Nächste zu sein hat. Selbst im berühmten biblischen Gleichnis (Lk 10,25–37) wird ja gesagt, dass sich als „der Nächste" des Überfallenen der barmherzige Samariter erwiesen hat – und nicht etwa umgekehrt...

## 3.4.2 Der *Ordo amoris*

Als Menschen ist uns der Kreis, vor dem wir nicht deshalb spezifische Verantwortung tragen, weil er „höher" oder „besser" wäre als andere seinesgleichen, sondern weil er zu unserem Leben näher steht als andere, durch konkrete sittliche Verhältnisse vorgegebenen, in die wir z. T. durch rein natürliche Umstände, z. T. durch kulturelle Prägung und z. T. durch bewusste Entscheidung eintreten. Die so konstituierte Staffelung unserer Verpflichtung konstituiert also den *ordo amoris,* durch den unser Leben seinen konkreten ethischen Leitfaden vorfindet. Seine Bedeutung kann für die Orientierung, die wir unserem Leben geben, kaum überschätzt werden. Die Menschen, die man „an sich heran lässt" oder auch nicht, sind für die kulturelle und auch die ethische Qualität des eigenen Lebens mindestens so entscheidend wie alle philosophische Reflexion.

Zu dieser Ordnung der Liebe gehören insbesondere

- die Familie als die natürliche Organisationsform der Weitergabe des menschlichen Lebens und der Übertragung der elementarsten Komponenten unseres Vertrauens auf die Bewältigbarkeit dieses Lebens;
- die Ehe als durch die natürliche geschlechtliche Ergänzung der Menschen vorgegebene Grundform des Zusammenlebens, deren vorrangige Bedeutung durch andere sich entwickelnde (allerdings auch des staatlichen Schutzes und der gesellschaftlichen Organisation bedürftige) Formen des Zusammenlebens von Mann und Frau nicht relativiert wird;
- die Freundschaft als die elementarste durch freie Wahl entstehende Form der Bindung an andere Menschen;
- die Nachbarschaft als elementarstes durch räumliche Nähe entstehendes Bindungsverhältnis zwischen Menschen;

- die Heimat als durch den kulturellen Raum geprägter identitätsbildender Grundfaktor des menschlichen Selbstverhältnisses;
- der Beruf als wichtigste Form der Beteiligung an der Gestaltung der öffentlichen Beziehung innerhalb der Gesellschaft;
- das Haus als grundlegende Organisationsform der privaten Lebensbereiche;
- Vereine und soziale Verbände als Formen der Beteiligung an der Gestaltung und Weiterentwicklung der gesellschaftlichen Beziehungen;
- die Nation als umfassender geschichtlicher Bildungsfaktor der personalen Identität;
- die Kirche als soziale Organisationsform der transzendenten Bindung des Menschen.

### 3.4.3 Der Begriff der Hilfe

Zu den Lebensformen der Nähe tritt als sie zwar nicht aufhebende, aber sie relativierende Quelle menschlicher Näherelationen der Gesichtspunkt der Not bzw. Hilfsbedürftigkeit des Mitmenschen hinzu. Die Bitte um Hilfe begründet unter bestimmten, ihrerseits wieder durch bestehende Näheverhältnisse relativierten Voraussetzungen, eine Verpflichtung, sich um ihre Erfüllung wenigstens zu bemühen oder sie zumindest an geeignete Institutionen weiterzuverweisen. Neben der bewussten Bitte um Hilfe kann auch der akute, etwa durch Krieg, Unfall oder Katastrophe verursachte Notfall, sowie die natürlich bedingte Unterstützungs- und Pflegebedürftigkeit von Menschen eine spezifische Näheverantwortung für andere begründen.

Es gehört zu den bedeutendsten Aufgaben einer human avancierten geschichtlichen Gemeinschaft, den unübersehbaren und durch soziale Entwicklungen stetig veränderten Raum, in dem das Helfen und Dienen zur Lebensform wird, zu organisieren und die dazu benötigten wirtschaftlichen und sozialpsychologischen Ressourcen bereitzustellen. Auf diesen Zusammenhang werden wir in Kapitel 5 zurückkommen.

**Literaturhinweis**
Zum Aspekt der Nähe als Rechtfertigungskategorie konkreten menschlichen Handelns vgl.

Spaemann, Robert. 1989. *Glück und Wohlwollen. Versuch über Ethik*. Stuttgart: Klett-Cotta (vgl. oben S. 20), Kapitel „Ordo amoris".

Zur Gesamtthematik dieses Kapitels sind weiterhin zu empfehlen:

Forschner, Maximilian. 1993. *Über das Glück des Menschen.* Darmstadt: Wissenschaftliche Buchgesellschaft.
Schwemmer, Oswald. 1987, *Handlung und Struktur. Zur Wissenschaftstheorie der Kulturwissenschaften*. Frankfurt a. M.: Suhrkamp (stw 669).

**Verwendete Literatur**
Cicero. 1992. *De officiis/Vom pflichtgemässen Handeln*, lat.-dt. Übers., kommentiert und hrsg. von H. Gunermann, Stuttgart: Reclam (= UB 1889).
Kant, Immanuel. 1983 [1788]. *Grundlegung zur Metaphysik der Sitten*. In I. Kant, Werke in zehn Bänden. Sonderausgabe 1983. Bd. 7. Schriften zur Ethik und Religionsphilosophie. Hrsg. W. Weischedel. Darmstadt: Wissenschaftliche Buchgesellschaft.
Merleau-Ponty, Maurice. 1964. *Das Sichtbare und das Unsichtbare*. München: Fink.

Schweidler, Walter. 2001. *Das Unantastbare. Beiträge zur Philosophie der Menschenrechte*. Münster: LIT.

Schweidler, Walter. 2001. Die Wahrheit der Grenze. Zu den metaphysischen Implikationen des modernen Wissenschaftsbegriffs In *Religion – Metaphysik(kritik) – Theologie im Kontext der Moderne/Postmoderne,* Hrsg. Markus Knapp/Theo Kobusch, S. 169–186, Berlin/New York: de Gruyter.

Schweidler, Walter. 2012. *Über Menschenwürde. Der Ursprung der Person und die Kultur des Lebens.* Weinheim: vc.

Spaemann, Robert. 1996. *Personen. Versuche über den Unterschied zwischen „etwas" und „jemand".* Stuttgart: Klett-Cotta.

Spaemann, Robert. 1989. *Glück und Wohlwollen: Versuch über Ethik.* Stuttgart: Klett-Cotta.

# 4 Wissenschaft, Technik und Medizin

Wir nähern uns nun dem wichtigsten und umstrittensten Feld der „Angewandten Ethik" an, dem der Bioethik und der medizinischen Ethik. Wir haben, wie gesagt, keine Patentrezepte zu lehren, mit denen man den Verantwortlichen, die im Krankenhaus, auf der Pflegestation oder im Labor mit Entscheidungen über Leben und Tod anderer Menschen konfrontiert sind, ihre Verantwortung abnehmen könnte. Keine philosophische Theorie kann das, und im übrigen auch keine Ethik-Kommission und kein Ethikrat. Wir wissen auch, dass Ärzte aufgrund ihrer Erfahrung und ihres moralischen Urteilsvermögens im Umgang mit Leben und Sterben Weisen der Bewältigung ethischer Konflikte entwickelt haben und entwickeln müssen, die letztlich aus ihrer beruflichen Kompetenz und nicht aus separaten ethischen Überlegungen resultieren; dies gilt insbesondere für die Standards der Abwägung zwischen medikamentöser Schmerzlinderung und der Möglichkeit der Lebensverlängerung in Zuständen unheilbaren Leidens am Lebensende. Die hier vorgetragenen Überlegungen können in diesem großen Bereich eigentlich nur Grenzmarkierungen sein, die einem Verantwortlichen helfen, sich dessen zu vergewissern, was von ihm jedenfalls *nicht* verlangt werden kann. Wo rational nicht zu rechtfertigendes Handeln von ihm gefordert wird, dort endet die ethische Verantwortung eines ärztlichen oder wissenschaftlichen Entscheidungsträgers. Das bedeutet im Extremfall, dass ein noch so entsetzlicher Leidenszustand des Patienten dem Arzt nur die Verantwortung für die größtmögliche Linderung dieses Zustands, niemals aber für seine (d. h. des Patienten) Beseitigung auferlegt. Wir können in diesem Sinne demjenigen, der sich über Grund und Grenzen seiner Verantwortung klar zu werden versucht, hier nur dazu anleiten, sich den ethischen Gesichtspunkt auf sein Tun bewusst zu machen.

Damit aber stellt sich uns primär die Aufgabe, die, obwohl sie gar nichts mit konkreten Entscheidungen zu tun hat, eine der wichtigsten im Kontext der medizinischen und Wissenschaftsethik ist, nämlich den ethischen Gesichtspunkt klar vom wissenschaftlichen zu trennen und nachdrücklich die Grenzen zu ziehen, die der Wissenschaft hier gezogen sind.

Die Wissenschaft, insbesondere die Naturwissenschaften und die Anwendung ihrer Ergebnisse, bilden nicht ein Handlungsfeld unter vielen, sondern die wichtigste Herausforderung, mit der sich Ethik überhaupt konfrontiert sieht, wenn sie die Frage nach ihrer Daseinsberechtigung beantworten soll. Daraus, dass es Moral im Sinne geschichtlich gewordener sittlicher Lebensformen gibt, folgt noch nicht, dass Ethik die ausschließliche Weise der Reflexion und Begründung dieser Lebensformen ist. In der Neuzeit hat vielmehr die Wissenschaft diesen Anspruch erhoben und in der Technik praktisch durchgesetzt. Unser 4. Kapitel behandelt daher die Problemstellung der Ethik in Auseinandersetzung mit den theoretischen Ergebnissen der Wissenschaft und den Möglichkeiten und Gefahren ihrer technischen Anwendung, insbesondere auf dem Gebiet der Medizin.

Der erste Abschnitt verweist auf die Lebensbedeutsamkeit von Wissenschaft und Technik und zeigt anhand ihrer Grenzen die Notwendigkeit einer ethischen Beurteilung auf (4.1).

Der zweite Abschnitt stellt die ethischen Fragestellungen in den Mittelpunkt, die sich am Beginn und Ende des menschlichen Lebens ergeben (4.2).

Im dritten Abschnitt wird der Frage nach dem ärztlichen Ethos im Zusammenhang mit der zunehmenden medizinischen Forschung nachgegangen (4.3).

Der vierte Abschnitt beschäftigt sich mit konkreten ethischen Problemen der Reproduktionsmedizin und Gentechnologie (4.4).

## 4.1 Wissenschaft und Leben

Die Ethik hat sich in der neuzeitlichen Philosophie mit der These auseinanderzusetzen gehabt, dass allein die Wissenschaft den rationalen Kern der Moral freilegen, ihn erklären und intersubjektiv begründbare Konsequenzen aus ihm ziehen könne. Wenn „Wissenschaft" dabei bedeutet: Entweder mathematisch-experimentell vorgehende natur- oder aber historisch-sozial beschreibende Geisteswissenschaft, dann würde aus dieser These folgen, dass die Konzeption einer philosophischen Disziplin namens „Ethik" nur noch eine vergangene Größe wäre und neue Methoden, etwa biologische oder soziologische, an ihre Stelle zu treten hätten. Dieser Folgerung kann man nur entgegentreten, indem man auf die Grenzen hinweist, die die Wissenschaft in ihrer Erklärung menschlicher Lebensformen nicht zu überschreiten vermag. Es ist Sache der Ethik, den Umgang mit diesen Grenzen rational zu begründen.

### 4.1.1 Wissenschaft und Lebensbewältigung

Sagt uns heute nicht statt der Ethik eigentlich die Wissenschaft, was wir zu tun und zu lassen haben? Besteht die Quelle aller ideologischen Streitigkeiten zwischen Menschen nicht darin, dass sie der Stimme wissenschaftlicher Erkenntnis kein Gehör schenken, oder dass die Wissenschaft einfach noch nicht weit genug ist, unsere Lebensprobleme insgesamt zu lösen?

### 4.1.1.1 Anspruch der Wissenschaft

Seit Beginn der Neuzeit ist in der Philosophie behauptet worden, dass die Wissenschaft für den Menschen letztlich darüber bestimmt, was moralische Überzeugungen eigentlich sind und leisten und inwiefern sie zum Überleben beitragen. Dies beginnt mit dem Ausspruch des franz. Philosophen *René Descartes* (1596–1650), dass uns die Wissenschaft zu „Herren und Eigentümern der Natur" (1996, S. 101) machen werde. In der Folge hat *Kant* die Vorstellung vom Weg der Wissenschaft zu ihrem „Hauptzwecke, der allgemeinen Glückseligkeit"[13] geprägt. Nicht zuletzt gehört hierher aber auch die Forderung der Positivisten des 20. Jh., wie etwa *Rudolf Carnap* (1891–1970), nach einer „Weltformel", die das Zentrum einer mathematisch-physikalischen Grundtheorie bilden sollte, auf die sich alle Ergebnisse der Wissenschaften und durch sie unsere gesamte Lebenswirklichkeit zurückführen, „reduzieren" lassen sollten.

Entsprechend dieser Stellung der Wissenschaft wurde der Ethik schon von *Descartes* nur noch ein vorläufiger Status zuerkannt, als *„morale provisoire"* (dt. vorläufige Moral), nach der wir uns im Sinne altüberlieferter Lebensregeln richten sollen, bis uns die Wissenschaft durch ihren Fortschritt da-

---

13 I. Kant, Kritik der reinen Vernunft. In: I. Kant, Werke in 10 Bänden. Sonderausgabe 1983, Bd. 4. Kritik der reinen Vernunft. Zweiter Teil. Hg. von W. Weischedel. Darmstadt (Wissenschaftliche Buchgesellschaft) 1983, S. 709.

von befreit und uns umfassende rationale Weltorientierung ermöglicht.

Die im Zuge der biologischen Evolutionstheorie entstandene „evolutionäre Ethik" hat diese Vorstellung weitgehend übernommen und versucht, „unsere (angeborenen) Verhaltens- und Handlungsstrukturen, kooperatives Verhalten und Altruismus eingeschlossen, als (darwinische) Anpassungen an unsere evolutionäre Vergangenheit ... zu erklären".[14] Was dem Menschen durch dieses Programm zugemutet wird, ist die Einschränkung seiner eigenen Überzeugungen: „Gut" und „böse" werden in Klammern gesetzt und als Produkte einer Evolution interpretiert, zu der wir uns nur verhalten können, indem wir ihre Gesetze zu erkennen und uns nach diesen zu richten versuchen.

### 4.1.1.2 Grenzen der Wissenschaft

Die prinzipiellen, durch keinerlei neue Erkenntnisse oder Forschungsergebnisse überwindbaren Grenzen und Unzulänglichkeiten dieses Programms lassen sich jedoch folgendermaßen skizzieren:

- Widerspruch in der Selbstanwendung: Wendet man die von der „evolutionären Ethik" vorgetragene Auffassung auf sie selbst an, so kann sie ihr eigenes Sprechen nicht vernünftig begründen, weil sie eben gar nicht begründen kann, was sein soll, sondern nur erklärt, was sein *musste*. Warum sollten wir, wenn die Gelingensbedingungen unseres Lebens durch die Evolution vorgegeben sind, überhaupt wis-

---

14 Mohr, Hans. 1987. *Natur und Moral. Ethik in der Biologie.* Sonderausgabe. Darmstadt: Wissenschaftliche Buchgesellschaft, 77 (= Dimensionen der modernen Biologie. Bd. 4).

senschaftliche Forschung betreiben? Entweder können wir die Evolutionsgesetze nicht beeinflussen; dann geschieht ohnehin, was geschieht, und Wissenschaft wäre nur noch das Vorwegnehmen der feststehenden Zukunft. Oder wir haben Einfluss auf das Geschehen, und dann können die auch ohne uns ablaufenden Gesetze des Naturgeschehens nicht zugleich die Gesetze dieser Einflussnahme sein, sondern es muss hier Gestaltungs- und Entscheidungsspielräume geben, die eben das Thema der Ethik sind.

- Scheitern des positivistischen Wissenschaftskonzeptes: Das Programm einer „Einheitswissenschaft" auf ausschließlich mathematisch-experimenteller Grundlage ist nach dem Eingeständnis aller bedeutenden ursprünglich positivistischen Wissenschaftstheoretiker unserer Zeit zusammengebrochen. Weder die Idee einer rein induktiven Begründung wissenschaftlicher Gesetze im Unterschied zu anderen, also auch den Regeln der Ethik, ließ sich halten noch könnte man wissenschaftliche im Gegensatz zu anderen Begriffen so definieren, dass in sie ausschließlich empirisch belegbare Daten Eingang fänden. Jeder derartige Definitionsversuch erwies sich entweder als zu weit (so dass auch Begriffe aus ethischen und metaphysischen Theorien akzeptiert werden mussten) oder als zu eng (so dass Begriffe wie „Elektron" oder sogar „wasserlöslich" als „unwissenschaftlich" hätten ausgeschieden werden müssen).[15] Die Annahme einer prinzipiellen Pluralität der Wissensformen und damit auch die Möglichkeit nicht naturwissenschaftlicher und dennoch rationaler Weisen der theoretischen Lebensbewältigung ist heute allgemein zugestanden.

---

15 Vgl. zu dem ein halbes Jahrhundert umfassenden und durchaus imponierenden Prozeß der Selbstkritik des positivistischen Alleinvertretungsanspruchs: Stegmüller, Wolfgang. 1969. *Metaphysik, Skepsis, Wissenschaft*, 2. Aufl. Berlin: Springer.

- Erschütterung des Wissenschaftsoptimismus: Die Annahme, dass möglichst vollständige Herrschaft über die nichtmenschliche Natur zugleich die optimale Lebensbewältigung für den Menschen garantieren würde, ist zwar in der Neuzeit immer wieder gemacht, aber eigentlich niemals begründet worden. Es handelt sich bei ihr um einen Glauben, und dieser Glaube ist angesichts der auch durch den wissenschaftlichen Fortschritt verursachten Gefährdung unserer natürlichen Lebensbedingungen radikal in Frage gestellt. Der dt. Philosoph *Hans Jonas* (1903–1993) hat auf die entscheidende ökonomische Voraussetzung aufmerksam gemacht, die in der Hypothese totaler Naturherrschaft übersehen ist, nämlich die simple Tatsache der Knappheit der Güter und Ressourcen auf der Welt. Hinzu kommt die ebenfalls übersehene Grundtatsache, dass totale Naturherrschaft immer auch Herrschaft über die natürlichen Eigenschaften des Menschen selbst bedeuten würde.

**Literaturhinweis**
Jonas, Hans. 1979. *Das Prinzip Verantwortung. Versuch einer Ethik für die technische Zivilisation*. Frankfurt a. M.: Suhrkamp (= st 1085).

Die Wissenschaft ist zweifellos die wichtigste Quelle der Information über Chancen und Risiken der von uns gewählten Lebensentscheidungen, aber sie kann uns diese Entscheidungen prinzipiell nicht abnehmen. Die Anwendung wissenschaftlicher Ergebnisse geschieht im Rahmen eines „hypothetischen Imperativs": „Wenn wir x wollen, müssen wir y tun". Was aber zu den „x" gehört, die wir wollen sollten, lässt sich nicht durch die gleiche Art von Denken beantworten. Gerade weil der Inhalt unserer Lebensformen zunehmend durch wissenschaftliche Erkenntnisse geprägt wird, bleibt die ethische

Aufgabe festzuhalten, die Ergebnisse der Wissenschaft in unser Leben aufgrund von Maßstäben des Gelingens dieses Lebens zu integrieren. Diese Maßstäbe müssen, wenn sie uns über den Rahmen der bloß hypothetischen Imperative hinausführen sollen, unabhängig vom Fortschritt der Wissenschaft zu gewinnen und zu legitimieren sein.

### 4.1.2 Technik und Lebensbewältigung

Das Bewusstsein, dass die Wissenschaft nicht aus sich selbst heraus zum Gelingen unseres Lebens führt, sondern einer eigenen Weise der Integration bedarf, drückt sich in der selbstverständlichen Trennung zwischen Wissenschaft und Technik aus. Technik ist mehr und etwas anderes als bloße Übertragung wissenschaftlicher Erkenntnisse in die menschlichen Lebensformen. Ein technischer Fortschritt wird nicht dadurch definiert, dass in ihm die neuesten Ergebnisse der Wissenschaften verwendet werden, sondern dadurch, dass er diese Ergebnisse für Zwecke nutzbar macht, die es schon vor und unabhängig von ihnen gegeben hat.

#### 4.1.2.1 Anspruch der Technik

Das Selbstverständnis des Technikers im Gegensatz zum Wissenschaftler ist nicht auf umfassende theoretische Beherrschung, sondern auf die Nutzbarmachung eines Erkenntnisgegenstandes für das Leben gerichtet: Der Sinn der Technik besteht in der Erleichterung und Verbesserung des menschlichen Lebens. Man kann diesen Gesichtspunkt philosophisch präzisieren als die Forderung der Zweck-Integration: Durch ein neues technisches Produkt muss es uns möglich werden, bisher verfolgte Zwecke mit geringerem Mittelaufwand zu erreichen und sie so mit anderen, bisher zu ihnen in Konkurrenz stehenden Zwecken kompatibel zu machen bzw. neu gesetzte Zwecke zusätzlich zu den von uns bisher verfolgten und zusammen mit diesen erreichbar zu machen. Der Begriff „Zweck" ist wesentlicher Bestandteil dieser Definition, d. h. die Angabe, dass etwas ein technischer Fortschritt bzw. ein technisches Produkt sei, beinhaltet eine Stellungnahme zu seinem Wert für die Integration menschlicher Lebenszwecke zu einem gelungenen Ganzen.

Allerdings muss man hier zwischen faktisch von Menschen verfolgen Zwecken (deskriptiver Aspekt) und von einem selbst für gut gehaltenen Zweck (normativer Aspekt) unterscheiden. Es kann also sein, dass ich technischen Fortschritt aufgrund seiner Auswirkungen missbillige, aber trotzdem zugestehen muss, dass viele Menschen ihn wollen. Dies aber ist eine Spannung, die allen ethischen Zusammenhängen innewohnt. Sie ändert nichts daran, dass die Auseinandersetzung über den Sinn technischer Errungenschaften als Auseinandersetzung über ihren Wert für ein gelungenes menschliches Leben geführt werden muss und nicht bei der Frage enden darf, wie wir mit den uns vorgegebenen Entwicklungen der Wissenschaft Schritt halten können.

Das Maß technischer Lebensverbesserung kann nur der real bestehende, nicht ein idealer künftiger Zustand unserer Lebensbewältigung sein. „Vollständige Naturbeherrschung" ist kein technischer Zweck. Die Grundfrage an neue technische Produkte muss daher sein: Inwiefern tragen sie besser als die bereits verfügbaren zur Integration von Zwecken in den Zusammenhang eines gelingenden menschlichen Lebens bei?

### 4.1.2.2 Ethische Kriterien für die Technik

Kriterien der ethischen Beurteilung technischer Produkte sind daher:

- Wirtschaftlichkeit: Die Tugend der Sparsamkeit als grundlegende Konsequenz aus der Knappheit der dem Menschen verfügbaren Güter und Ressourcen begründet das Wirtschaftlichkeitsprinzip: Eine technische Neuerung ist nur gerechtfertigt, wenn sie einen bestimmten Nutzen mit geringerem Aufwand als bisher zu erzielen erlaubt.
- Wohlstandssteigerung: Das menschliche Streben nach Lebensverbesserung ist unter den Bedingungen der modernen Industriegesellschaft nur durch das Bemühen um Steigerung des gesamtwirtschaftlichen Wohlergehens zu realisieren. Die Steigerung des Bruttosozialprodukts bleibt insofern ein Gradmesser sinnvoller technischer Neuerungen.
- Sozialverträglichkeit: Eine Grenze der Wirtschaftlichkeits- und Wohlstandserwägung wird durch die Frage nach der gesamtgesellschaftlichen Akzeptanz technischer Neuerungen gezogen. Es ist zu fragen, welche Änderungen ihre Einführung in den individuellen und sozialen Lebensformen mit sich bringen wird und ob diese Änderung mit den die Gesellschaft tragenden Wertvorstellungen der Bevölkerung und den hinsichtlich dieser Wertvorstellungen absehbaren Entwicklungen in Einklang zu bringen sein wird. Es muss also das gesamtgesellschaftliche Konfliktpotential der technischen Entwicklung abgeschätzt und als Faktor ihrer Bewertung herangezogen werden. Dabei sind die politischen und verfassungsrechtlichen Ordnungselemente zu berücksichtigen, die zur Regelung sozialer Konflikte geschaffen worden sind. Es ist deshalb immer auch zu fragen, welche Auswirkungen etwa die Einführung einer neuen Technologie (z. B. durch ihre Sicherungs-, Geheimhaltungs-

oder Datenermittlungszwänge) auf Rechtsstaatlichkeit, Demokratieprinzip, Gewaltenteilung, den Grundrechtsschutz und die kommunale und regionale Eigenständigkeit sozialer Verbände haben würde. Positiv zu berücksichtigen ist hier natürlich, inwieweit eine technische Neuerung zur Humanisierung der Arbeitsverhältnisse beiträgt.

- Umweltverträglichkeit: Neben den Wirkungen auf den Menschen sind in jedem Fall die Folgen technischer Neuerungen auf die uns umgebende natur und die kulturell gewachsenen Lebensräume zu bedenken. Dies gilt auch dann, wenn man der Natur keine eigene Würde bzw. eigenen Rechte zubilligt, denn die natürlichen Kreisläufe, in die der Mensch eingebunden ist, können in ihren möglichen Rückwirkungen auf ihn nicht von vornherein lückenlos abgeschätzt werden. Vor allem die Erfordernisse des Landschafts- und des Artenschutzes sind hier relevant.
- Sicherheit: Ein entscheidender Bewertungsfaktor technischer Entwicklung wird durch das Erfordernis der Minimierung von Gefährdungen des Lebens und der Gesundheit von Menschen sowie sozialer und umweltbezogener Schutzgüter bestimmt. Der Begriff „Risiko" ist allgemein definiert als das Produkt von Schadensumfang und Eintrittshäufigkeit (bzw. -wahrscheinlichkeit) angesichts der Möglichkeiten des Versagens sowie des Missbrauchs eines technischen Systems bzw. seiner Anfälligkeit gegen externe Unglücksursachen (wie z. B. Erdbeben, Kriege usw.)

Eine technische Neuerung muss wesentlich daraufhin geprüft werden, ob sie das Anwendungsrisiko der Technologie, zu deren Entwicklung sie beiträgt, vermindert oder wenigstens nicht steigert.

Neben dem Anwendungsrisiko ist aber noch ein anderer, noch weniger exakt fassbarer Faktor zu berücksichtigen, den man das Daseinsrisiko nennen kann.

Es gehört zur Dialektik der industrialisierten Technikentwicklung, dass sie im gleichen Zug das Anwendungsrisiko ihrer Produkte und Systeme immer weiter vermindert, also immer sicherer wird, während sie das Daseinsrisiko, d. h. den Schaden, der sich im Falle des (immer unwahrscheinlicheren) Versagens ihrer Sicherungen einstellen würde, immer weiter vergrößert.

Wenn wir bei der Definition dieser Beurteilungskriterien immer von technischen „Neuerungen" gesprochen haben, so ist zusätzlich zu bedenken, dass eine neue Bewertungslage natürlich auch durch die zunehmende Verbreitung bereits bestehender Technologien über immer weitere Teile der Erde eintreten kann. Die quantitative Steigerung technischer Möglichkeiten (insbesondere der Energiegewinnung oder der mit der Notwendigkeit ihrer Entsorgung verbundenen Erzeugung von Abfällen) könnte der Schaffung einer neuen Bewertungslage durch die Entwicklung qualitativ neuer technischer Produkte gleichkommen.

Prinzipiell gilt: Die wissenschaftlichen Theorien, die den zu beurteilenden technischen Produkten zugrunde liegen, sind bei der Anwendung der Bewertungskriterien heranzuziehen. Wir können über die Wirtschaftlichkeit, Sicherheit usw. von technischen Entwicklungen nur auf dieser wissenschaftlichen Basis etwas Verlässliches aussagen. Aber die Gewichtung und Auswertung der so gewonnenen Informationen ist selbst nicht mehr eine Angelegenheit der Anwendung wissenschaftlicher Theorien. Der Zusammenhang zwischen Wirtschaftlichkeit, Sicherheit usw. beruht nicht auf Wirklichkeitsstrukturen, die noch einmal von einer (Natur- oder Sozial-) Wissenschaft erforscht werden könnten. Begriffe wie „Wirtschaftlichkeit", „Sicherheit" usw. haben nur in Bezug auf Handlungsziele und diesen wiederum zugrundeliegenden Lebensvorstellungen von Personen Sinn, die sich dazu in ein Verhältnis setzen.

### 4.1.3 Die Rechenschaftspflicht der Wissenschaft

Indem die Wissenschaft technische Neuerungen ermöglicht, also allein durch die Möglichkeit der Anwendung ihrer Ergebnisse, greift sie in unsere Lebensformen ein. Dies gilt unabhängig von der Motivation der Individuen, die sie betreiben. Das Erstellen von Theorien ist eine Form des Handelns, die es nur vor dem Hintergrund spezifisch humaner Lebensformen gibt und die sich damit unweigerlich zu diesem Hintergrund ins Verhältnis setzt. Der Wissenschaftler übernimmt daher, ob bewusst oder nicht, eine Rechenschaftspflicht für die Ergebnisse und Auswirkungen dieses Handelns.

Dem steht nicht etwa die Trennung zwischen Grundlagenforschung und angewandter Wissenschaft entgegen. Diese Trennung ist, auch wenn sie in bestimmten Wissenschaftszweigen (z. B. Genforschung) nicht mehr absolut aufrechtzuerhalten ist, zweifellos immer noch sinnvoll. Die wichtigsten Technologien der heutigen Lebenswelt (Computer, Atomspaltung, Laser) sind aus rein theoretischer, an keiner Anwendung interessierter Grundlagenforschung herangegangen. Wir zerstörten die Wissenschaft als Quelle der Verbesserung unseres Lebens, wenn wir versuchten, sie auf das angeblich gesellschaftlich Erwünschte hin zu „finalisieren". Weil „die Gesellschaft" dem Wissenschaftler die Verantwortung nicht abnehmen kann, muss von jedem, auch und gerade dem an der Anwendung ganz uninteressierten Wissenschaftler, die Verantwortung für die Folgen seines Tuns eingefordert werden.

Daher kann die Vorstellung keinesfalls akzeptiert werden, man müsse die Wissenschaft erst zu Ergebnissen kommen lassen, ehe man von diesen her verstehen könne, wonach sich die Bewertung des Weges, der zu ihnen geführt hat, zu richten hätte. Kein wissenschaftliches Ergebnis kann uns darüber belehren, ob es nach den Maßstäben humanen Lebens akzeptabel war, nach ihm zu forschen.

**Literaturhinweis**
Vgl. einführend:

Hastedt, Heiner. 1994. *Aufklärung und Technik. Grundprobleme einer Ethik der Technik.* Frankfurt a. M.: Suhrkamp (= stw 1141).
Lenk, Hans (Hrsg.). 1991. *Wissenschaft und Ethik.* Stuttgart: Reclam 1991 (= UB 8986).
Rescher, Nikolas. 1985. *Die Grenzen der Wissenschaft.* Stuttgart: Reclam 1985.
Steigleder, Klaus und D. Mieth (Hrsg.). 1991. *Ethik in den Wissenschaften. Ariadnefaden im technischen Labyrinth.* 2. Aufl. Tübingen: Attempto.

## 4.2  Beginn und Ende personalen Lebens

Damit tun wir den Schritt zu den medizinethischen Grenzfragen im engeren Sinne. Für ihre Beantwortung ist aber der Gesichtspunkt, den wir gerade herausgearbeitet haben, von ganz entscheidender Bedeutung, das heißt: Es ist prinzipiell nicht Aufgabe und Kompetenz der Wissenschaft, uns darüber zu belehren, worin der Anfang und das Ende des menschlichen Lebens bestehen. Es besteht eine absolute Rechtfertigungspflicht der Wissenschaft gegenüber personalem Leben. Dies aber impliziert, dass es nicht Sache der Wissenschaft sein kann, zu definieren, worin Personalität besteht. Wer sich also, beispielsweise in gesetzgeberischen Debatten als politischer Entscheidungsträger, darauf zurückziehen zu können meint, „die Wissenschaft" werde ihm und uns sagen, was den Menschen zum Menschen und die Person zur Person macht, nimmt einen ethisch verantwortungslosen Standpunkt ein. Die Grenzen des personalen Lebens sind ethisch aus denselben Prinzipien zu beurteilen wie die Grenzen der Wissenschaft. Darum ist ethisch zu begründen, warum und inwiefern sich die Bestimmung der Grenzen personalen Lebens dem wissenschaftlichen Erkenntnisanspruch entzieht.

### 4.2.1 Die Unverfügbarkeit personalen Anfangs

Ob ein neuer Mensch gezeugt worden ist, kann mit wissenschaftlichen Mitteln geklärt werden, nicht aber, ob dieser Mensch eine Person ist. „Person" ist ein unaufhebbar normativer Begriff, d. h. er beinhaltet die Anerkennung eines anderen Wesens durch eine Person als ihresgleichen. Darum ist es ausgeschlossen, dass die Frage, ob ein Mensch in einem bestimmten Stadium seines Lebens eine Person sei oder nicht, durch die Anwendung wissenschaftlicher Theorien entschieden werden kann. Die Wissenschaft kann allenfalls feststellen, ob eine menschliche Person existiere bzw. zu existieren aufgehört hat; doch selbst hierbei spielen normative Kriterien eine Rolle.

#### 4.2.1.1 Menschsein als Personsein

Jede Entscheidung, einen Menschen erst ab einer bestimmten Phase seiner Existenz oder nur bei Vorhandensein bestimmter Eigenschaften als Person anzuerkennen, wäre willkürlich. Eine derartige Entscheidung würde bedeuten, dass Menschen, die über bestimmte Eigenschaften und Fähigkeiten verfügen, sich zu einem geschlossenen Kreis zusammenschließen und die Entscheidung treffen, andere Menschen aus diesen Kreis auszuschließen. Ein solcher Beschluss ist ein Machtakt, der durch jede Art von Argumentation nur verschleiert wird. Der elementarste hiergegen anzuführende ethische Gedanke lautet: Wenn diese Ideologisierung des Argumentierens an den existenzbegründenden Grenzen des menschlichen Daseins zugelassen wird, dann hat niemand mehr die weitere Entwicklung solcher Grenzziehungen in der Hand. Die Frage, wer hinsichtlich seiner Existenzberechtigung gefragt werden soll und wer nicht, steht in der Verfügung des je sich zu dieser Entscheidung zusammenschließenden Kreises.

Zur Vermeidung dieser Problemlage bleibt nur die umfangmäßige Identifikation von Mensch und Person übrig: Menschsein und Personsein sind prinzipiell und ohne Ausnahme dasselbe. Durch die biologische Abstammung von der Spezies Homo sapiens erlangt jeder Mensch die Zugehörigkeit zum Menschengeschlecht als Verband der personalen Wesen.

Wenn der Umfang des Begriffs der Menschenwürde der Willkür und bloßen Macht entzogen bleiben soll, dann darf keinem Menschen ein Urteil über die Zugehörigkeit eines anderen menschlichen Wesens zum Kreis der Personen gestattet werden. Das heißt, dass auch Menschen ohne Bewusstsein und die normalen zur Personalität gehörigen Eigenschaften, sofern sie nur leben, als Personen gelten müssen und zu behandeln sind. Nicht Bewusstsein oder irgendwelche Eigenschaften eines anderen Menschen sondern *meine* Unfähigkeit, Rationalität und Rechtfertigung durchzuhalten, wenn der Kreis der Adressaten meiner Rechtfertigung der Willkür unterworfen ist, ist das entscheidende Kriterium für die Unrelativierbarkeit der Koinzidenz von Menschsein und Personsein. Diese Koinzidenz kann man nicht faktisch feststellen, sondern sie beruht auf Handlungen und Entscheidungen, durch die Verhältnisse konstituiert werden, die es nur zwischen Menschen und nicht zwischen Tieren oder zwischen Menschen und Tieren geben kann. Darum können auch Tiere prinzipiell keine Personen sein und keine Würde haben, wenngleich es sehr wohl unwürdiges Verhalten gegenüber Tieren gibt. Dies ist ein ganz entscheidender Ausgangspunkt unserer Überlegungen: Nicht die angebliche „Höherwertigkeit" menschlichen Lebens bedingt das ethische Prinzip seines größtmöglichen Schutzes, sondern die Einsicht, dass wir die strikte, lebenssichernde Abgrenzung zwischen Person und Sache, Mensch und Nichtmensch, die die Grundlage aller Rechtsstaatlichkeit bildet, nur halten können, wenn wir uns jede Entscheidung darüber, wer zum Kreis der Menschen und Personen gehört und wer nicht, *verbieten*. Jenseits der (immer politischen) Entscheidung bleibt aber – gewissermaßen „subsidiär" – nur eine einzige „Macht" übrig, der wir den Kreis der Menschheit zu bilden überlassen müssen: die Natur. Darum gilt: Wer von Menschen gezeugt ist, ist Mensch und damit Person und hat sich dem Urteil keines anderen denk- und handlungsfähigen Wesens über sein Mensch- und Personsein zu unterwerfen.

### 4.2.1.2 Einwände hiergegen und ihre Widerlegungen

Gegen die umfangmäßige Gleichsetzung von Mensch und Person werden verschiedene Einwände erhoben, die eine ethische Auseinandersetzung erfordern:

#### „Speziesismus"-Einwand
Der „Speziesismus"-Einwand besagt, dass die Auszeichnung aller Menschen als Personen und damit als Träger von Würde und Recht nur die spezifisch menschliche Weise des Gattungsegoismus sei, mit der wir unseren Artangehörigen willkürlich ein höheres Sein als allen anderen Wesen zusprechen. Gerade dieser Gattungsegoismus sei aber typisch für jede biologische Spezies (= biologische Art; von lat. *species* = Art).

#### Literaturhinweis
Singer, Peter. 1994. *Praktische Ethik*. Aus dem Engl. übers. von J.-C. Wolf/O. Bischoff/D. Klose. erweit. Ausg. Stuttgart: Reclam (= UB 8033).

Dieser Einwand verkennt den Freiheitsaspekt des personalen Anspruchs. Der Mensch ist aufgrund seiner Intelligenz sowie des Fehlens bestimmter animalischer Hemmungsmechanismen durchaus nicht an den normalen biologischen Gattungsegoismus gebunden, sondern kann in der Quälung und Tötung seiner Artgenossen eine ganz spezifische situationserfüllende Befriedigung erlangen. Das Prinzip des Respekts vor der Würde der Person setzt sich beim Menschen durch in einem Prozess des freiwilligen, kulturell bedingten Verzichts.

**Faktizitätseinwand**
Der Faktizitätseinwand besagt, dass zwischen Menschsein und Personsein getrennt werden müsse, weil Personalität an das Bewusstsein, dass man eine Person ist, gebunden sei und Menschen erst ab einem bestimmten Stadium ihrer individuellen Entwicklung überhaupt die für ein solches Bewusstsein charakteristischen Eigenschaften erlange. Rationalität, Ichbewusstsein, Zukunftsbezug, Kommunikationsfähigkeit und andere dieser Eigenschaften zeigten sich tatsächlich durchaus nicht an allen Menschen und könnten unter Umständen an bestimmten hochentwickelten Tieren eher als an manchen Menschen festgestellt werden.

**Literaturhinweis**
Tooley, Michael. 1990. Abtreibung und Kindstötung In *Um Leben und Tod. Moralische Probleme bei Abtreibung, künstlicher Befruchtung, Euthanasie und Selbstmord,* Hrsg. A. Leist, S. 157–195. Frankfurt a. M.: Suhrkamp.


Dieser Einwand verkennt den prinzipiellen Unterschied zwischen Eigenschaften und Verhältnissen. Die genannten Eigenschaften sind faktisch auch nicht vorhanden, wenn wir z. B. schlafen oder ohnmächtig sind, ohne dass wir deshalb aufhören würden, Personen zu sein. Für das personale Verhältnis kommt es nicht darauf an, dass ein Mensch in jedem Augenblick seines Daseins bestimmte Eigenschaften zeigt, sondern darauf, dass er über die verschiedenen Phasen seines Lebens hinweg im Ganzen als ein Träger solcher Eigenschaften anzusehen ist. Die Überbrückung des faktischen Augenblicks zu einer alle einzelnen Momente übergreifenden, integrierenden Lebensform ist gerade die Leistung, die das menschliche Leben auf seine über alle biologische Natur hinausgehende Weise auszeichnet.

### Potentialitätseinwand

Dieser Einwand besagt, dass zwar ausschlaggebend für die Personalität des Menschen seine Fähigkeit ist, die Momente seines Lebens zu einem Ganzen zu integrieren. Es ist jedoch zuzugeben, dass Menschen diese Fähigkeit erst ab einem bestimmten Stadium erwerben und dass sie manchen Menschen (etwa Schwerstbehinderten, Komatösen usw.) mit Sicherheit abgeht. Nur weil ein Wesen aufgrund seiner Artzugehörigkeit potentiell (= möglich; von lat. potentia = Vermögen, Kraft, Wirksamkeit) eine bestimmte Fähigkeit haben könnte, kann ihm nicht derselbe Status zugebilligt werden wie denjenigen Wesen, die sie tatsächlich erworben haben.

### Literaturhinweis

Hare, Richard M. 1990. Abtreibung und die Goldene Regel. In *Um Leben und Tod. Moralische Probleme bei Abtreibung, künstlicher Befruchtung, Euthanasie und Selbstmord*, Hrsg. A. Leist, S. 132–156. Frankfurt a. M.: Suhrkamp.

Dieser Einwand geht an der Eigenart des personalen Verhältnisses vorbei, das ebenso wenig mit Fähigkeiten wie mit Eigenschaften gleichzusetzen ist. Personalität ist keine Fähigkeit, die man aktuell oder potentiell haben könnte, weil „Person" überhaupt kein Prädikat-, sondern ein Subjektausdruck ist. Man *hat* nicht die Eigenschaft der Personalität, sondern man *ist* Person. Die „Potenz", dass ein Mensch entstehen könnte, ist ebenso eine bloße Möglichkeit wie die „Potenz", dass man einen Bankraub begehen könnte. Aber das Leben, das ein Mensch, sobald er gezeugt ist, vor sich hat, ist keine solche bloße Möglichkeit, sondern in gewissem Sinne bereits Wirklichkeit. Auf irgendeine, wenn auch vielleicht sehr schnell vorübergehende Weise, wird er dieses Leben leben. Zu seinem Leben steht ein einmal vorhandener Mensch nicht wie zu einer bloßen Möglichkeit, sondern wie zu einer Chance, die er auf irgendeine Art nützen wird. Dem bereits gezeugten Menschen diese Chance zu verwehren, ist daher etwas prinzipiell anderes, als sich zu der Möglichkeit zu verhalten, dass eine solche Chance ins Leben tritt. Konkret gesagt: Empfängnisverhütung ist ethisch radikal anders zu beurteilen als Abtreibung, die in keinem Fall ein Instrument der „Familienplanung" oder ein Akt der Selektion „lebensunwerten" Lebens sein darf. Je schwerer für uns der Umgang mit einem Menschen ist, der sich zu der ihm mit seiner Zeugung gegebenen Chance nicht mehr bewusst und rational zu verhalten vermag, desto mehr stehen wir in der Pflicht, gerade ihm gegenüber noch ein Verhältnis zu bewahren, das dem personalen Würdeanspruch, der uns mit ihm verbindet, gerecht wird.

### 4.2.1.3 Fazit

Die Konsequenz aus diesen Erwägungen lautet, dass das natürliche Gezeugtsein von Menschen den Anspruch eines Menschen begründet, als Person respektiert und damit als ein Wesen behandelt zu werden, das sein Leben selbstbestimmt zu führen berechtigt ist und das auf die Hilfe seiner Mitmenschen dort, wo es zu solcher Selbstbestimmung noch nicht oder nicht mehr fähig ist, Anspruch hat. Die Personalität des Menschen beginnt mit seiner Zeugung. Eine moralische Berechtigung zur Abtreibung kann es nicht geben. Allenfalls ist es denkbar, von einem rechtsfreien Raum dort zu sprechen, wo mit Sicherheit das Leben der Mutter und das des ungeborenen Kindes einander ausschließen.

**Literaturhinweis**

Spaemann, Robert. 1991. Sind alle Menschen Personen? Über neue philosophische Rechtfertigung der Lebensvernichtung. In *Tüchtig oder tot? Die Entsorgung des Leidens,* Hrsg. J.-P. Stössel. Freiburg/Basel/Wien: Herder.

Spaemann, Robert. 1996. *Personen. Versuche über den Unterschied zwischen „Etwas" und „Jemand".* Stuttgart: Klett-Cotta.

Schweidler, Walter. 2003. Zur Analogie des Lebensbegriffs und ihrer bioethischen Relevanz. In *Menschenleben – Menschenwürde,* Hrsg. W. Schweidler/H. A. Neumann/ E. Brysch. S. 13–29. Münster/Hamburg/London: LIT.

Wagner-Westerhausen, Katja. 2008. *Die Statusfrage in der Bioethik.* Berlin: LIT.

Seidel, Johannes. 2010. *Schon Mensch oder noch nicht? Zum ontologischen Status humanbiologischer Keime.* Stuttgart: Kohlhammer.

### 4.2.2 Verhalten zum Ende personalen Lebens

Entsprechende Erwägungen wie hinsichtlich des Anfangs gelten für das Ende personalen Lebens: Jede Entscheidung für die Festlegung einer Grenze, jenseits derer bestehendes personales Leben kein personales mehr sein sollte, wäre ein willkürlicher, argumentativ nicht zu rechtfertigender Machtakt, für den es eine wissenschaftliche Begründung jedenfalls nicht geben kann. Das Ende des Lebens der Person fällt mit dem Ende ihrer Existenz als Lebewesen im biologischen Sinne zusammen.

### 4.2.2.1 Festlegung des Todes

Die Wissenschaft ist kompetent, über den Eintritt der von uns für richtig erkannten Kriterien für dieses Ende Auskunft zu geben, nicht jedoch, die Entscheidung über die Festlegung dieser Kriterien zu treffen. Die herkömmlichen und normalerweise genügenden Kriterien des Todeseintritts bei einem Menschen sind der unumkehrbare Stillstand der Herz-Kreislauf-Funktionen sowie der Atmung. Nicht die Vitalfunktion aller einzelnen Zellen oder Organe des Körpers, wohl aber der Organismus als eine sich durch die Wechselbeziehung ihrer Teile selbst organisierende Ganzheit muss zum Ende gekommen sein. Erst wenn alle Vitalfunktionen auf der Ebene des Gesamtorganismus erloschen sind, kann vom Ende des personalen Lebens gesprochen werden.

Allerdings ergeben sich gegenüber dieser Ausgangslage auf zwei verschiedenen Ebenen Komplikationen, die eine eigene Erörterung notwendig machen: Einerseits macht die Entwicklung medizinischer Apparate die Aufrechterhaltung der Grundfunktionen des menschlichen Organismus auch in einem Stadium möglich, von dem aus es mit Sicherheit keine Rückkehr in den Normalzustand personaler Existenz mehr gibt. Andererseits ist die Möglichkeit der bewussten Bitte eines Menschen gegeben, das Ende seines Lebens herbeizuführen.

## 4.2.2.2 Die Frage nach dem Hirntod

Der unumkehrbare Ausfall des Herz-Kreislauf-Systems und der Atmung, durch den die normalen Todeskriterien bestimmt sind, ist notwendig mit dem Ausfall der Hirntätigkeit verbunden. Kommt sie zum unumkehrbaren Ende, so kann der betroffene Mensch mit Sicherheit keine Bewusstseinsinhalte mehr wahrnehmen, und kein medizinischer Eingriff kann ihm solche wiedergeben. Möglich ist es der Intensivmedizin heute, in diesem Stadium des Ausfalls der Hirntätigkeit die rein körperlichen, vegetativen Funktionen, die den Eintritt der normalen Todeskriterien verhindern, für eine gewisse, tendenziell wachsende Zeitspanne aufrechtzuerhalten. Die Intensivbehandlung einschließlich maschineller Beatmung ersetzt also in dieser Zeit die Gehirnfunktion die normalerweise zur Inganghaltung von Herzschlag und Kreislauf notwendig wäre.

Die Brisanz dieser Tatsache besteht vor allem darin: In diesem Zustand, in dem wir zunächst nicht wissen, ob wir von einem „verlängerten Leben" oder von einem „künstlich beatmeten Leichnam" sprechen sollen, ist die Entnahme voll leistungsfähiger Organe aus dem vegetativ noch funktionierenden Leib möglich. Diese Organentnahme ihrerseits kann zu an sich ethisch gebotenen Zwecken wie der Heilung und unter Umständen Rettung anderer Menschen eingesetzt werden.

Durch die Perspektive der Organtransplantation entstand eine Perspektive für schwerkranke Menschen, die zuvor keine Alternative hatten. Im Zuge der technischen Weiterentwicklung des Verfahrens veränderten sich so einerseits das Verhältnis zu Krankheiten, die mit einem Ausfall der Organe verbunden sind, andererseits die Erwartungen an die Medizin und die damit verbundenen Hoffnungen.

Es stellt sich die Frage, ob die Erreichung dieses an sich

gebotenen Ziels um den Preis des Eingriffes in den Leib einer noch lebenden Person erkauft und somit normalerweise unzulässig ist oder ob der Mensch, dessen Gehirnfunktionen abgestorben sind und der das normale leibseelische Selbstverhältnis nie wieder erreichen kann, als Toter zu betrachten ist. Letzteres ist der Inhalt des „Hirntod"-Konzeptes.

Es stellt sich die noch weitergehende Frage, ob es nicht sogar als ethische Verpflichtung einer Person zu betrachten ist, dass sie ihre Organe für den Fall, dass ihr Körper nach dem Hirntod in intensivmedizinische Behandlung kommt, zur Verwendung für Heil- und Rettungszwecke freigibt.

Zumindest, so die sog. „Widerspruchslösung" im Umgang mit diesem Problem, müsse man von der Einwilligung des Menschen in diese Prozedur dann ausgehen, wenn er ihr zu Lebzeiten nicht ausdrücklich widersprochen hat. Eine „enge Zustimmungslösung" hingegen besagt, dass sie umgekehrt nur durch die ausdrückliche Zustimmung vor dem Eintritt des „Hirntodes" gerechtfertigt werden kann. Eine „weite Zustimmungslösung" meint, dass eine Zustimmung auch stellvertretend durch Angehörige gegeben werden kann. (Seit 2012 gilt in Deutschland die „Entscheidungslösung", eine modifizierte Version der weiten Zustimmungslösung.)

### 4.2.2.3 Ethische Problematik des Hirntodes

Die Anerkennung des Menschen als Person bedeutet, dass wir in den ganzheitlichen Verlauf der Spanne seines Lebens keinen Einschnitt zu machen berechtigt sind, weil jeder derartige Einschnitt willkürlich wäre und die ihm zugrundegelegten Kriterien auch in anderen Hinsichten auf Menschen angewendet und zur Beurteilung ihres „Lebensrechts" missbraucht werden könnten. Dies zeigt sich, wenn man insbesondere die folgenden Kriterien als Begründung dafür heranziehen wollte, dass ein „hirntoter" Mensch keine in ihrer Integrität schutzbedürftige lebende Person mehr sei.

Handlungsfähigkeit: Kann man nur einen noch handlungsfähigen Menschen als Person gelten lassen? Handlungsfähigkeit kann nur auf das bewusste Verhältnis des Menschen zu seiner Personalität und damit auf bestimmte kognitive Eigenschaften und Fähigkeiten gestützt werden. Diese aber fehlen auch dem normal verfassten personalen Wesen im Zustand des Schlafs oder der Ohnmacht. Wenn wir dieses in solchen Zuständen als Träger von Recht und Würde respektieren, dann liegt das nicht an den künftigen bewussten Zuständen; denn diese könnten wir verhindern. Wenn die Personalität des Menschen an diesen faktisch bewussten Zuständen hinge, dann hätten wir mit ihnen auch den Anspruch aus der Welt geschafft, der sie uns zu respektieren geböte. Als potentielle Zustände haben wir sie deshalb zu respektieren, weil sie nicht bloße Denkmöglichkeiten, sondern integraler Bestand eines personalen Menschenlebens sind. Macht man den „Hirntod" also an Eigenschaften fest, die Handlungsfähigkeit begründen, dann ist der konsequenten Anwendung der gleichen Ausschlusskriterien auf schwerstbehinderte, ungeborene, höchst verwirrte und sonstige schwerkranke Menschen nichts mehr argumentativ entgegenzusetzen.

Physiologische Schlüsselfunktion des Gehirns: Man könnte sich darauf berufen, dass (im Gegensatz zum Fall des behinderten und kranken Menschen) der Verlust der Hirnfunktion die Person ihres physiologischen Schlüsselorgans beraubt. Aber der Begriff „Schlüsselorgan" kann letztlich wieder nur im Sinne einer notwendigen, nicht einer hinreichenden Bedingung von Personalität definiert werden. So elementar auch das Gehirn die Ursache der wichtigsten Abläufe ist, die unser Selbstverhältnis eröffnen, es kann dennoch nicht als hinreichender Faktor dieses Selbstverhältnisses gefasst werden. Sowenig das Erleben eines Schmerzes mit den ihn verursachenden Nervenvorgängen oder der Eindruck der blauen Farbe mit den verursachenden Lichtbewegungen identisch sind, sowenig kann Personalität mit der Hirnfunktion identifiziert werden; sonst wäre der Mensch auch im embryonalen Stadium und generell am Anfang seines Lebens, wo er noch kein Gehirn hat, keine Person. Was den Menschen in diesem Stadium von dem sog. „Hirntoten" unterscheidet, ist nur, dass sich das Gehirn bei ihm noch entwickeln wird, so dass er bewusste Zustände und Erlebnisse haben wird, die dem sog. „Hirntoten" nicht mehr zugänglich sind. Wer sich aber darauf beruft, macht Personsein doch wieder an Bewusstseinszuständen und nicht an einem biographischen Leben fest.

Hilfsverpflichtung gegenüber leidenden Menschen: Dem der Hirnfunktion beraubten Leib „nützt" das Organ nichts mehr, das andere Menschen retten könnte: Wieder muss man sich die Konsequenzen dieses zunächst plausiblen Gedankens vor Augen halten. Wer soll entscheiden, welchen Menschen ihre Organe noch „nützen" und welchen nicht? Ist der Gedanke des „lebensunwerten Lebens" einmal zugelassen, so können sich die ihm dienenden Kriterien verselbständigen. Dies bedeutet selbstverständlich nicht, dass wir moralisch verpflichtet wären, eine „hirntote" Person so lange wie *möglich* am Leben zu halten, während wir zugleich den auf Organspenden angewiesenen Patienten die Hilfe zu verweigern hätten. Die künstliche Aufrechterhaltung vegetativer Funktionen ist, sofern sie keinerlei Sinn für das Wohl des Patienten mehr hat, vielmehr gerade abzulehnen. Der Arzt, der sie verweigert, führt nicht den Tod des Sterbenden herbei, sondern respektiert den natürlichen Sterbeprozess als Ende des personalen Lebens.

## 4.2.2.4 Fazit

Mit dem Ausfall der Hirnfunktionen erlischt unwiderruflich eine für das menschliche Leben natürlich vorgegebene Eröffnungs- und Erhaltungsbedingung. Deshalb ist der Arzt berechtigt, technische Maßnahmen, die den daraufhin ablaufenden Sterbensprozess sinnlos verzögern, zu unterlassen. Verzögert er diesen Sterbensprozess aufgrund der ausdrücklichen Bitte, die der Versterbende zu Zeiten seiner vollen Entscheidungsfähigkeit gegenüber dem Arzt oder in einer Weise geäußert hat, die für den Ärztestand – nach gesellschaftlich festzulegenden Maßstäben – verbindlich ist, mit dem Ziel der Organtransplantation, dann ergibt sich eine neue Situation, die mit den uns bisher geläufigen Handlungstypen nicht vollständig erfasst werden kann. Die Sterbensverzögerung mit dem Ziel der Organentnahme bildet zusammen mit der dann tatsächlich erfolgenden Organentnahme einen eigenen Handlungstypus, der in Verbindung mit der Hilfeleistung, auf die das gesamte Handeln allein gerichtet sein darf, nicht als in sich schlecht bewertet werden kann.

Die im Kontext dieses Handlungskomplexes vorgenommene Entnahme der Organe stellt daher keine Tötung menschlichen Lebens, sondern die Beendigung einer Sterbensverzögerungsmaßnahme dar, die ethisch als Akt eigener Art zu betrachten ist. Sie ist eher als eine besondere Art der Abschaltung eingesetzter medizinischer Apparate denn als Tötungshandlung zu betrachten. Dennoch stellt sie das Gewissen des handelnden Arztes vor schwerwiegende Fragen, die mit letzter Sorgfalt behandelt und in keinem Fall durch Geschäftsinteressen, aber auch nicht durch den isolierten Hinweis auf die Hilfsbedürftigkeit von Patienten beantwortet werden dürfen.

Kein gesellschaftlicher Definitions- oder Gesetzgebungsprozess kann dem handelnden Arzt die Entscheidung abnehmen, ob er der Bitte des nunmehr sterbenden Menschen, in einem entsprechenden Fall sein Sterben mit dem Ziel der Organentnahme zu verzögern und diese Sterbensverzögerung durch die Organentnahme zu beenden, nachkommen darf oder nicht. Man darf auch hier die Verantwortung nicht verwischen, die der Ärztestand selbst durch die Entwicklung der entsprechenden medizinischen Techniken übernommen hat.

Eine Verpflichtung zur Organspende gibt es für niemanden. Denn es handelt sich hier um keine „Spende", bei der man etwas, das einem gehört, einem Zweiten überlässt. Der Patient, dem die eigenen Organe zugute kommen, ist hier ein Dritter, und die ethisch entscheidende Handlung wird vom „Zweiten", nämlich von dem Arzt verlangt, der die Sterbensverzögerung durchführt. Wer das dabei notwendige Handeln ethisch als so fragwürdig empfindet, dass er es nicht durch seine ausdrückliche Bitte zu eröffnen bereit ist, kann nicht getadelt werden.

Natürlich muss betont werden, dass die Annahme eines neuen Handlungstypus eigener Art namens „Sterbensverzögerung" ihrerseits manche Probleme aufwirft. Aber sie ist der Umdefinition des Todes zum „Hirntod" vorzuziehen, weil die Gefahr zu groß ist, dass die Neudefinition der Todeskriterien dazu missbraucht werden könnte, indirekt die Grenze zu verschieben, die zwischen berechtigten und nicht berechtigten lebensbeendenden Maßnahmen besteht. Das menschliche Leben muss weiterhin als ununterbrechbare Ganzheit gesehen werden, auf deren Anerkennung der volle Schutz menschlicher Personalität letztlich beruht.

Der Gesichtspunkt der Hilfeleistung wird allerdings ausschlaggebend, wenn die Sterbeverzögerung einer „hirntoten" Person der Lebensrettung eines durch sie in die Welt gesetzten Menschen dient. Das Verhältnis zwischen Mutter und Kind gehört zu den elementaren Quellen der Verpflichtung aus natürlicher Nähe. Die Lebensrettung des Kindes tritt daher gleichberechtigt neben das Wohl der Schwangeren als hinreichender Grund der Verpflichtung zur intensivmedizinischen

Sterbensverzögerung mit dem Ziel, den natürlichen Prozess der Geburt durch ärztliche Hilfeleistung zu ermöglichen.

**Literaturhinweis**

Hoff, Johannes und J. in der Schmitten (Hrsg.). 1994. *Wann ist der Mensch tot? Organverpflanzung und Hirntodkriterium.* Reinbek bei Hamburg: Rowohlt.

Shewmon, Alan. 2003. „Hirnstammtod", „Hirntod" und Tod: Eine kritische Re-Evaluierung behaupteter Äquivalenz. In *Menschenleben – Menschenwürde*, Hrsg. W. Schweidler/H. A. Neumann/E. Brysch, S. 293–316. Münster/Hamburg/London: LIT.

Düwell, Marcus. 2008. *Bioethik. Methoden, Theorien und Bereiche.* Stuttgart: Metzler.

Balkenohl, Manfred. 2010. Der Hirntod – Zur Problematik einer neuen Todesdefinition. In *Handbuch für Lebensschutz und Lebensrecht,* Hrsg. M. Balkenkohl/R. Rösler, S. 469–486. Paderborn: Bonifatius.

Spaemann, Robert. 2010. Ist der Hirntod der Tod des Menschen? In *Handbuch für Lebensschutz und Lebensrecht,* Hrsg. M. Balkenkohl/R. Rösler, S. 487–502. Paderborn: Bonifatius.

### 4.2.3 Die Euthanasieproblematik

Es ist zunächst festzuhalten, dass es eine „objektive", durch wissenschaftliche Methoden grundgelegte Entscheidung, ob Leben erhaltenswert sei, nicht geben kann. Der „gute Tod" wird nicht durch das Leid definiert, das er dem Getöteten erspart. Ausschlaggebend für die Euthanasieproblematik ist vielmehr die Möglichkeit, dass Menschen aufgrund freier Selbstbestimmung den Wunsch äußern, durch Tötung von ihren Leiden erlöst zu werden. Fraglich ist, ob dieser Wunsch einen anderen dazu berechtigen oder sogar verpflichten kann, ihm nachzukommen.

### 4.2.3.1 Keine Rechtfertigung der Euthanasie

Die Bitte, getötet zu werden, kann weder eine ethische Verpflichtung noch eine Berechtigung zur Tötung begründen, weil sie voraussetzt, dass die sie äußernde Person den Gesichtspunkt gelingenden Lebens für sich selbst radikal ausschließt und von der anderen Person, an die sie sich wendet, die Anerkennung und Übernahme dieses Ausschlusses verlangt. Wenn Gerechtigkeit in der Anerkennung möglichen Gelingens von Leben besteht, dann bedeutet dieser Ausschluss einen Akt fundamentaler Ungerechtigkeit, für den es keine Rechtfertigungskriterien geben kann.

Den Gesichtspunkt des Gelingens gibt es nur, weil personales Leben einmalig und unvergleichlich ist; der Ausschluss dieses Gesichtspunktes hingegen könnte nur auf Kriterien (z. B. unerträgliche Schmerzen, Verzweiflung, Depression) gestützt werden, die nicht auf die um Tötung bittende Person beschränkt werden können. Jedes bejahende Urteil über die Berechtigung der Tötungsbitte müsste sich auf Faktoren stützen, die sich noch auf andere als nur den die Bitte äußernden Menschen anwenden lassen. Damit wäre ein allgemeines Urteil über die Grenze beinhaltet, jenseits derer personales Leben nicht mehr gelingen kann.

Die Festlegung einer solchen Grenze ist mit dem lebensethischen Prinzip unvereinbar. Dieses besagt, dass einmaliges personales Leben der gegenüber keinem allgemeinen Inhalt mehr zu rechtfertigende Grund aller möglichen Rechtfertigung ist. Es gibt kein gerechtfertigtes Verfügen eines Menschen über seinen Tod. Jedes solche Verfügen beinhaltet ein Mitverfügen über die Lebensberechtigung anderer. Nicht die (etwa aus Schmerz oder Verzweiflung erwachsene) Äußerung des Urteils, mein Leben solle besser nicht mehr sein, wohl aber jede mögliche Anerkennung und Rechtfertigung dieses Urteils ist ethisch verwerflich.

### 4.2.3.2 Die gesellschaftliche Dimension der Euthanasieproblematik

Es zeigt sich in diesem Zusammenhang, dass der lebensethische Gesichtspunkt keine einseitige Stellungnahme für eine deontologische Ethik (vgl. 1.2.1.2) bedeutet. Vielmehr gibt es eine Reihe eher konsequenzialistischer Argumente gegen jede soziale Akzeptanz der Euthanasie:

In einem gesellschaftlichen Umfeld, in dem Kriterien für die Unzumutbarkeit des Weiterlebens allgemein anerkannt wären, würden insbesondere ältere und kranke Menschen mit der Frage konfrontiert, ob und warum ihr Weiterleben noch berechtigt sei. Die Anerkennung der Euthanasie würde eine soziale Atmosphäre schaffen, in der der Mensch jenseits einer bestimmten Grenze seine Daseinsberechtigung nachzuweisen hätte. Vor allem wäre der Verschiebung dieser Grenze und damit der willkürlichen Steigerung solchen Existenzdrucks wiederum nichts entgegenzusetzen. Die Rücksicht auf die sozialen Folgen und das Streben nach der Aufrechterhaltung eines personalen Verhältnisses zum eigenen Leben sind zwei Seiten derselben Medaille. „Ethik ohne Gesellschaftstheorie ist blind." (Wolf 1991, S. 265).

Problematisch ist schon die Unterscheidung zwischen aktiver, passiver und indirekter Euthanasie. Das Unterlassen einer bestimmten Hilfshandlung kann genauso einen Tötungsakt darstellen wie ein aktives Tun. In neuerer Zeit geriet zunehmend die Diskussion um den assistierten Suizid in den Mittelpunkt der Debatte um die Euthanasie. Als assistierter

Suizid werden diejenigen Handlungen bezeichnet, bei denen einem Patienten, der nicht in der Lage ist sich alleine zu töten, geholfen wird, dies zu tun. Diese „Hilfe" kann etwa in der Beschaffung giftiger Substanzen bestehen, die derjenige, der seinem Leben ein Ende setzen möchte, sich dann jedoch selbst zuzuführen hat. Doch obwohl der „letzte Schritt" schließlich von dem sich Tötenden selbst getätigt wird, handelt es sich bei der Beschaffung der entsprechenden Mittel eine klare Unterstützung und somit auch Mittäterschaft bei der Tötungshandlung. Besonders problematisch sind in diesem Zusammenhang die teils sehr fragwürdigen Praktiken der immer mehr werdenden Sterbehilfsorganisationen, die Profit aus der Verzweiflung leidender Menschen zu schlagen versuchen.

Kein Tötungsakt ist es, wenn die künstliche Lebensverlängerung durch medizinische Apparate, die zum Wohl eines Sterbenden nichts mehr beiträgt, beendet wird. Eine eindeutige abstrakte Grenzziehung ist im Spannungsfeld zwischen Lebensverlängerung und Schmerzlinderung durch ärztliche Maßnahmen nicht möglich. Das ethische Urteil ist auf diesem Feld bis zu einer gewissen Grenze dem Arzt überlassen; es kann ihm durch keine ethische Theorie abgenommen werden. Lebenserhaltung und Schmerzlinderung sind zwei Grundgesichtspunkte des den Beruf des Arztes definierenden Ethos.

Philosophische Ethik kann die Spannung zwischen ihnen nicht aus der Welt schaffen, sondern hat nur zu verhindern, dass sie im Sinne der Etablierung von Kriterien der „Unzumutbarkeit des Weiterlebens" oder von „lebensunwertem Dasein" gegeneinander ausgespielt werden.

**Literaturhinweis**

Balkenohl, Manfred. 2010. Ist der Kranke ein Parasit der Gesellschaft? In *Handbuch für Lebensschutz und Lebensrecht*, Hrsg. M. Balkenkohl/R. Rösler, S. 537–541. Paderborn: Bonifatius.

## 4.3 Ärztliches Ethos und medizinische Forschung

Die Einsicht, dass Ethik letztlich nicht durch Theorien, sondern nur in der Praxis konkreter menschlicher Nähebeziehungen Bedeutung erhält, zeigt sich an der fundamentalen Stellung, die in allen höherentwickelten menschlichen Gesellschaften dem Beruf und dem Ethos des Arztes zukommt. Das ärztliche Ethos bringt zum Ausdruck, dass „Medizin" mehr und etwas anderes ist als ein „wertfreies" Feld wissenschaftlicher Forschung, sondern dass ihr ganzer Sinn im Umgang mit den das personale Leben bedrohenden und beeinträchtigenden Faktoren Krankheit, Leiden und Tod besteht. Der Arzt tritt zum Patienten, der sich ihm anvertraut, in ein personales Zweierverhältnis ein, das weit mehr mit natürlichen sittlichen Beziehungen als mit der technischen Anwendung wissenschaftlicher Ergebnisse zu tun hat, das aber auch wie kein anderes durch den Fortschritt der Medizin und der Biologie in der Gefahr ist, eben dieser Eigenart beraubt zu werden.

### 4.3.1 Stellenwert des ärztlichen Ethos

Man muss eigens betonen, dass das ärztliche Ethos zur medizinischen Wissenschaft in einem anderen Verhältnis steht als etwa das Ethos des Technikers zum allgemeinen wissenschaftlichen Fortschritt. Die Medizin ist keine angewandte Naturwissenschaft; ihr struktureller Kern ist das ärztliche Handeln und die ihm zugeordnete Erforschung der menschlichen Krankheiten. Darum haben sich seit jeher naturwissenschaftliche Hilfsdisziplinen um die Medizin herum angesiedelt, ohne die der Arzt seine Kunst nicht verantwortlich ausüben könnte. In diesem Status stehen auch heute noch, ungeachtet aller ihrer Exaktheit und wissenschaftstheoretischen Selbständigkeit, die physikalischen, chemischen, biologischen und sonstigen naturwissenschaftlichen Erkenntnisse, die der Arzt erwerben muss.

Das Ethos des Arztes erlangt daher nicht erst Bedeutung, wenn es um die Umsetzung solcher Erkenntnisse in die Praxis geht, sondern schon dort, wo sich überhaupt der naturwissenschaftliche Erkenntnisanspruch auf den Menschen richtet. Der Arzt ist, anders als der Techniker, aufgrund seines Ethos berechtigt und verpflichtet, darüber zu entscheiden, was zur medizinischen Forschung gehört und was nicht. Wo das medizinisch sinngebende Ziel, den Menschen in seiner Eigenart als durch Krankheit, Leiden und Tod gefährdete Person zu schützen, mit neuen Möglichkeiten der Erforschung des Wissenschaftsgegenstandes Mensch in Konflikt gerät, dort hat der medizinische Wissenschaftler in seiner Eigenschaft als Arzt die Forschung zu begrenzen und zu überwachen.

### 4.3.2 Unvertretbarkeit des ärztlichen Ethos

Ein entscheidender Ausgangspunkt für die medizinische Ethik besteht in der wissenschaftstheoretischen Festlegung der Medizin:

1. Die Medizin ist keine theoretische Wissenschaft, der es um eine bloß theoretische Systematisierung allgemeiner Gegenstände (Anatomie, Physiologie, aber auch Krankheiten) geht.
2. Die Medizin ist keine technische Wissenschaft, der es um die Gewinnung allgemeiner Herstellungs- oder Reparaturregeln biologischer Prozesse bzw. Systeme geht.
3. Die Medizin ist eine „praktische Wissenschaft", der es um die vernünftige Handlungsorientierung im Umgang des Arztes mit dem Patienten geht.

Das ärztliche Ethos bildet somit den erkenntnisleitenden Horizont der medizinischen Forschung. Daraus ergeben sich fundamentale Konsequenzen für das Handlungsfeld, auf dem die mit Krankheit, Leiden und Tod verbundenen Grenzsituationen des menschlichen Daseins angesiedelt sind:

- Primäre Verantwortung des Arztes: Der Eingriff in den menschlichen Leib und der Umgang mit Arzneimitteln obliegt dem Arzt als dem Inhaber des menschlichen Fachwissens. Wer dieses Fachwissen nicht hat, ist normalerweise nicht berechtigt zu Handlungen, die in das ärztliche Aufgabenfeld fallen und kann für deren Erfolg auch nicht in gleicher Weise haftbar gemacht werden.
- Begrenzung der ärztlichen Verantwortung: Der Arzt bedient nicht einen Kunden. Er ist als Inhaber des relevanten Fachwissens nicht verpflichtet zu einer Behandlung oder zur Verabreichung von Medikamenten, wenn dies seiner Grundauffassung vom richtigen Umgang mit dem Patienten widerspricht.
- Verantwortung für seinen Berufsstand als ganzen: Als Inhaber des medizinischen Fachwissens trägt der Arzt nicht nur die Verantwortung für sein persönliches Ethos, sondern auch dafür, dass sein Stand als ganzer sicher nicht so entwickelt, dass das Fachwissen von seiner Begrenzung im ärztlichen Ethos abgekoppelt und zur Manipulationsmasse technischer Eingriffe in das menschliche Schicksal wird.

### 4.3.3 Grundelemente des ärztlichen Ethos

Die klassische Formulierung des ärztlichen Ethos bildete zumindest innerhalb der abendländischen Kultur der auf den griech. Arzt *Hippokrates* von Kos (um 460–um 377 v. Chr.) zurückgehende „Eid des Hippokrates".

### 4.3.3.1 Eid des Hippokrates

Die wichtigsten Inhalte des Hippokratischen Eides sind:

- Der Arzt hat dem Patienten zu nützen und Schaden von ihm zu wenden, ohne Rücksicht auf die Grenzen zwischen Freund und Feind, Arm und Reich, Religion. Rasse usw.
- Der Arzt hat Leben zu schützen und keinesfalls zu seiner Vernichtung beizutragen, weder durch Abtreibung noch durch Beteiligung am Selbstmord, Tötung von Sterbenden oder Schwerkranken.
- Der Arzt hat die Würde des Patienten zu wahren, insbesondere durch seine Aufklärungspflicht; Abhängigkeit darf er keinesfalls ausnützen.
- Der Arzt hat die Treue zur eigenen Schule aufrechtzuerhalten sowie die Kollegialität in Praxis und Forschung und die Pflicht zur Fortbildung zu wahren.

### 4.3.3.2 Erweiterung durch Bioethik

Die zunächst in Amerika systematisch entwickelte medizinische bzw. Bioethik versucht heute, die geschichtlich überlieferten Grundelemente des ärztlichen Ethos zu präzisieren und den Entwicklungen der medizinischen Forschung anzupassen. Sie muss sich mit dem gesellschaftlichen Wertewandel auseinandersetzen, was in Teilen zu einer kontroversen Diskussion um die Grundforderungen des Hippokratischen Eides geführt hat. Die Grundelemente des ärztlichen Ethos werden vor allem auf zwei Ebenen formuliert:

- Ärztliche Tugenden: Vom Arzt sind insbesondere zu erwarten: Kompetenz, Ehrenhaftigkeit, Mitgefühl und Achtung für den Patienten, Verantwortung über die gesetzlichen

Vorschriften hinaus, Offenheit gegenüber neuen Erkenntnissen der Forschung, Vorbildlichkeit im Umgang mit der eigenen Gesundheit und Einsatzfähigkeit.
- Ärztliche Prinzipien: Neben die klassischen Prinzipien – das Wohl des Patienten über alles zu stellen, Schaden von ihm zu wenden und die Fürsorge für ihn zu übernehmen – tritt in neuer Weise und mit der Maßgabe, im Konfliktfall gegen die klassischen Grundsätze abgewogen zu werden, das Prinzip der Patientenautonomie, d. h. des Respekts vor dem Willen des entscheidungsfähigen Patienten. Es beinhaltet den *„informed consent"* (dt. Zustimmung auf der Grundlage von Information), d. h. die Einwilligung nach Aufklärung als Grundlage für operative Eingriffe, aber auch für die klinische Praxis, sowie eine umfassende Aufklärungspflicht des Arztes.

Diskutiert wird die Bedeutung eines Prinzips der spezifischen sozialen Verantwortung des Arztes (etwa für Maßnahmen der Kostendämpfung im Gesundheitswesen, für die sozialen Institutionen, denen er die Apparate verdankt, mit denen er seinen Beruf ausübt, aber auch für die Breite der Gesundheitsvorsorge einer Bevölkerung statt der Konzentration auf hochtechnologische Hilfe für wenige usw.).

### 4.3.3.3 Grundprinzip ärztlichen Verhaltens

Das Grundprinzip ärztlichen Handelns lässt sich als die Anerkennung der Verantwortung vor der Freiheit und Würde jeder menschlichen Person bestimmen. Das bedeutet konkret:

Dass der Arzt die naturalen Eröffnungsbedingungen personaler Entscheidungsfähigkeit (körperliche Integrität, Bewusstsein) wiederherzustellen hat, wo sie akut bedroht oder beeinträchtigt sind.

Dass der Arzt in seiner Diagnose dem Patienten als ganzheitlicher Person (nicht als Medikamentenkonsumenten) gegenübertritt.

Dass der Arzt in seine Therapieentscheidung die Gesichtspunkte des Wohls der Allgemeinheit, des beruflichen und gesellschaftlichen Ethos wie auch der individuellen Lebensplanung des Patienten einzubeziehen hat.

### Literaturhinweis
Schweidler, Walter. 2006. Definition von Arzt und Patient aus philosophischer Sicht. In *Arzt und Patient. Eine Beziehung im Wandel*, Hrsg. V. Schumpelick/B. Vogel, S. 204–213. Freiburg im Breisgau: Herder.

## 4.4 Herausforderungen des ärztlichen Ethos durch die medizinische Forschung

Die revolutionäre Steigerung der Möglichkeiten im Umgang mit der Erhaltung, Initiierung und Beeinflussung menschlichen Lebens durch neue medizinische Technologien und biologische Erkenntnis, insbesondere in der modernen Genetik, bringen das ärztliche Ethos in zweifacher Hinsicht in Konflikte: Einerseits macht die Medizin Eingriffe und Behandlungen möglich, die ein Patient unter Umständen für unvereinbar mit seinen moralisch fundierten Vorstellungen von würdigem Leben und Sterben ansieht. Andererseits wird der Arzt durch diese neuen Möglichkeiten mit Ansprüchen von Patientenseite konfrontiert, die mit seinem Berufsethos in Diskrepanz geraten können.

Die ethischen Konflikte erwachsen einmal auf dem Feld der schnell fortschreitenden Reproduktionsmedizin, in der es um die menschliche Fortpflanzung und ihre Störungen geht. Zunehmend geraten auch die Entwicklungen der Biologie, vor allem der Gentechnologie, mit dem durch das ärztliche Ethos geprägten Aufgabenfeld in Spannung. Der Begriff „Bioethik" versucht, dieser zwischen der ärztlichen und allgemeinen Wissenschaftsethik angesiedelten Herausforderung gerecht zu werden. Wo dieser Begriff aber auf der Voraussetzung beruht, Medizin sei hauptsächlich eine Anwendung biologisch verfügbaren Wissens, ist er mit Skepsis zu betrachten. Gerade die ethische Abkoppelung des biologischen Wissensfortschritts von seiner Orientierung durch das ärztliche Ethos hätte unabsehbare Gefahren zur Folge.

### 4.4.1 Reproduktionsmedizin

Auf dem Gebiet der Reproduktionsmedizin gibt es eine Fülle neuer Möglichkeiten im Umgang mit menschlichem Leben dadurch, dass es gelungen ist, den menschlichen Zeugungsvorgang außerhalb des Mutterleibes durch Dritte in Gang zu setzen. Durch extrakorporale Befruchtung wird damit einerseits der elterliche Kinderwunsch erfüllbar; andererseits entstehen durch sie menschliche Embryonen, über deren Leben und Tod und über deren Einsatz für die Forschung der Mediziner bzw. Biologe nunmehr die Macht hat.

### 4.4.2 Ethische Problematik

Die ethische Bewertung der extrakorporalen Befruchtung muss von der homologen (= übereinstimmend, entsprechend; von griech. *homos* = der gleiche und *legein* = sagen, sprechen) künstlichen Befruchtung ausgehen, also der außerhalb des Mutterleibes vorgenommenen Verbindung von Ei- und Samenzelle der beiden Elternteile, die mit dem Kind als Familie zusammenleben wollen und werden. Indem der Arzt dem elterlichen Kinderwunsch zur Realisierung verhilft, erfüllt er eine klassische Aufgabe seines Berufs.

Die Frage ist, wie diese sinnvolle ärztliche Handlung unter anderen Gesichtspunkten ethisch zu bewerten ist. Die wichtigsten dieser Gesichtspunkte sind:

### 4.4.2.1 Trennung von Zeugung und Sexualität

In der Enzyklika *„Humanae vitae"* hat Papst Paul VI. folgende Auffassung vertreten:

> Seiner innersten Struktur nach befähigt der eheliche Akt, indem er den Gatten und die Gattin aufs engste miteinander vereint, zugleich zur Zeugung neuen Lebens, entsprechend den Gesetzen, die in die Natur des Mannes und der Frau eingeschrieben sind.[16]

Nach der in *„Humanae vitae"* vertretenen Ansicht gehört es zur innersten Natur derjenigen Handlung, durch die ein neuer Mensch gezeugt wird, dass sie nur von Mann und Frau und nicht von anderen oder mehreren als diese beiden Menschen ausgeübt werden kann und ihren Zweck in der Zeugung neuen menschlichen Lebens hat. Im Ergebnis ist diese Auffassung, ganz unabhängig von ihrem religiösen bzw. theologischen Hintergrund, sehr ernst zu nehmen: Die Zulassung einer neuen Art von Handlung als Basis der menschlichen Fortpflanzung würde eine radikale Veränderung des menschlichen Selbstverständnisses mit sich bringen und einen Akt der Machtausübung der gerade lebenden Menschen

---

16 Enzyklika „Humanae vitae" über die rechte Ordnung der Weitergabe menschlichen Lebens. Lat.-dt. von der deutschen Bischofskonferenz approbierte Übersetzung. Trier (Paulinus-Verlag) 1968, 25 (= Nachkonziliare Dokumentation Bd. 14).

über künftige Generationen bedeuten, der den Horizont der ethischen Verantwortung einer jeweiligen Menschengeneration überstiege.

In der Herleitung setzt diese Auffassung allerdings eine strikt deontologische Konzeption der „Natur von Handlungen" voraus, die man kaum unabhängig von theologischen Glaubensvoraussetzungen begründen können dürfte. Sie beinhaltet das Modell einer gottgewollten Strukturierung und Typisierung der menschlichen Handlungen und einen strikt normativ verfassten Begriff der menschlichen Natur, der in die Moraltheologie verweist und auf der Ebene der philosophischen Ethik nicht vollständig einholbar ist. Um keine falschen Fronten aufzureißen, muss man allerdings eine klassische philosophische Begriffsdistinktion beachten. Es geht bei der Verknüpfung von ehelichem Akt und Kinderzeugung nicht um den *finis operantis,* also die subjektive Absicht der Liebenden. Kein Papst und kein vernünftiger Theologe ist so weltfremd, von ihnen zu verlangen, dass sie in ihrer Liebesbegegnung „an die Kinder denken" sollen, die dieser entspringen mögen. Es geht um den *finis operis,* das heißt um die objektive, dem Handlungstypus (vgl. oben 2.2.1.1) innewohnende Zwecksetzung, in die man konkludent einwilligt, wenn man ihn verwirklicht. Wer sein Auto im Parkverbot abstellt, begeht eine Ordnungswidrigkeit, egal woran er dabei denkt. Und wer den Liebesakt ausübt, tut etwas, das, wenn man nicht gezielt entgegenwirkt oder die lebensentlastende Altersgrenze überschritten hat, auf die Zeugung eines Menschen hinausläuft; insofern ist zumindest der Möglichkeit nach ein Dritter im Spiel, und wenn dessen Existenz wirklich wird, ist man für ihn im höchstmöglichen Maße verantwortlich. Die Wahrnehmung dieser Verantwortung wiederum ist die unrelativierbar fundamentale Voraussetzung des Daseins und der Erhaltung der Menschheit. Es ist ein Hauptergebnis des Lebenswerks des größten – und jeder religiösen Motivation gänzlich unverdächtigen – Anthropologen des zwanzigsten Jahrhunderts, Claude Lévi-Strauss, gewesen, dass die Familie und die ihr zugrundeliegende Heirat die Institutionen sind, die wie keine anderen die Differenz zwischen Mensch und Tier und die Existenz der menschlichen Kultur begründen. Daher braucht man keine dogmatische Engführung zu bemühen, um mit dem ganzen Gewicht der anthropologischen Forschungslage die Verpflichtung der menschlichen Gesellschaft zu begründen, Ehe und Familie unbedingten Schutz und institutionelle Förderung zu gewährleisten. Wo die Abkoppelung der Sexualität von der Zeugung diesem Postulat entgegensteht, ist sie unabhängig von jeder religiös aufgeladenen Intention ethisch zu verurteilen.

### 4.4.2.2 Gefahr der Zweckrationalisierung des natürlichen Zeugungsgeschehens

Grundvoraussetzung personaler Lebensethik ist es, dass ethische Rechtfertigung im unableitbaren, sinnstiftenden Zusammenhang personalen Lebens fundiert ist und deshalb in keiner Weise noch einmal legitimationsbedürftig sein kann. Legitimationsbedürftigkeit ist aber nur die andere Seite von Legitimationsfähigkeit: Sobald wir über einen Gesichtspunkt verfügen, unter dem ein Mensch seine Existenz dadurch verlangt, dass er anderen erwünscht ist, sind wir nicht mehr sicher vor der Pervertierung dieses Gesichtspunktes in ein Selektionskriterium. Sobald einmal zugestanden ist, dass bestimmte dritte Personen Verantwortung dafür tragen, dass zeugungswillige Eltern zu einem Kind kommen, dessen Existenz ihren Wunsch erfüllt, werden diese Dritten unter Rechtfertigungsdruck hinsichtlich des Wunsches geraten, dass dieses Kind ein gesundes sein möge. Dann ist der Wunsch, dass es das richtige Geschlecht haben möge, dass es bestimmte Stärken haben solle usw. nichts mehr entgegenzusetzen. Es ist eine Grundvoraussetzung ethischen Denkens, dass die menschliche Person in ihrem Ursprung keinerlei Zweck-Mittel-Erwägung unterworfen sein darf, auch und gerade nicht dem Zweck von Eltern, Kinder zu haben.

### 4.4.2.3 Verfügbarmachung von Embryonen

Die Entstehung menschlicher Embryonen durch die extrakorporale Befruchtung ist nicht von vornherein, wohl aber faktisch mit der Verfügbarmachung menschlicher Embryonen verbunden, die durch sie „anfallen" und über deren Tötung oder Verwendung für Experimente dann entschieden werden muss. Wenn das für die Personenwürde konstitutive Verhältnis prinzipiell universal ist, dann kann die so in Kauf genommene Selektion zwischen existenzberechtigten und „überzähligen" Menschenwesen ethisch nicht zu rechtfertigen sein.

Man kann zwar nicht sagen, dass die homologe künstliche Befruchtung einen unmittelbaren Akt der Ungerechtigkeit gegen die Person darstellt, die durch sie ins Leben tritt. Sie eröffnet aber den Einstieg in einen Gesamtkomplex medizintechnischer Praxis, dessen inhumane Konsequenzen auf der Hand liegen. Die Annahme, man könnte sie von diesem Komplex und seinen Konsequenzen isolieren, wäre unter den bestehenden sozialökonomischen Bedingungen naiv. Wer die homologe künstliche Befruchtung als vereinbar mit dem ärztlichen Ethos akzeptiert, übernimmt auch Mitverantwortung für die Verfügbarmachung personaler Identität für zweckrationale Nutzenkalküle.

Die gegen die homologe Befruchtung vorgetragenen Bedenken gelten erst recht gegen die heterologe (nicht übereinstimmend; von griech. *heteros* = der andere und *legein* = sagen, sprechen) Befruchtung, also die Heranziehung genetischen „Materials" einer dritten Person zur Erfüllung des Kinderwunsches von Eltern. Die Auswahl dieser dritten Person kann von Selektionsgesichtspunkten praktisch nicht mehr freigehalten werden und widerspricht damit in jedem Fall dem Prinzip der Unverfügbarkeit personalen Ursprungs.

#### 4.4.2.4 Ersatzmutterschaft

„Ersatzmutterschaft" im weiteren Sinne (Befruchtung einer Frau mit dem Samen eines fremden Mannes, der dann mit seiner Frau das von der „Ersatzmutter" ausgetragene Kind zu adoptieren wünscht) wie auch im engeren Sinne (Austragung eines fremden Embryos durch eine Frau für dessen genetische Eltern) stößt auf dieselben prinzipiellen Einwände. Sie bedeutet zudem eine Instrumentalisierung eines weiteren Menschen, nämlich der zum Gebären eingesetzten „Ersatzmutter".

#### 4.4.2.5 Genetische Frühdiagnostik

Die Frage nach dem sozialen Kontext als entscheidender Interpretationsbedingung stellt sich auch allgemein hinsichtlich der vorgeburtlichen Diagnostik, die wertvolle medizinische Leistungen möglich macht, vor allem die Therapie des noch ungeborenen Lebens und den Ausschluss von Bedenken hinsichtlich der Schwangerschaft bei Vorliegen bestimmter Risikofaktoren. In Verbindung mit der sozialen Praxis der Abtreibung bedeutet die Untersuchung vorgeburtlichen Lebens auf genetische Schäden jedoch faktisch, dass man es auf Bedingungen neu überprüft, unter denen seine Tötung gefordert werden wird. Wieder übernimmt man damit eine Verantwortung, deren Bereich nicht mehr zu begrenzen ist. Mit der genetischen Präimplantationsdiagnostik (PID) steht nun auch eine Technik zur Verfügung, die es möglich macht, bereits vor der Schwangerschaft eine genetische Diagnostik durchzuführen. Je nach Befund wird nach einer künstlichen Befruchtung die befruchtete Eizelle implantiert oder nicht.

Im Zuge dieses Verfahrens werden menschliche Embryonen selektiert und vernichtet. Den Eltern wird somit immer mehr die Möglichkeit geboten, über die Eigenschaften ihres Nachwuchses zu entscheiden und diesen nach ihren Vorstellungen zu gestalten. Besonderes Aufsehen erregten in den letzten Jahren Fälle, in denen Eltern mit bestimmten Beeinträchtigungen beabsichtigten, diese durch die PID gezielt solche Embryonen auszuwählen, die eine Anlage zu derselben Beeinträchtigung aufwiesen. Ein schwerhöriges Paar etwa forderte vor einigen Jahren das Recht, durch die PID einen genetisch auf Taubheit programmierten Embryo zu selektieren. Durch solche Praktiken werden auf Grund von persönlichen oder gesellschaftlichen Wertungen unerwünschte Kinder einfach aussortiert und Risikopaare werden beinahe dazu gedrängt, abzuklären, ob es sich bei dem zu erwartenden Kind um ein überhaupt „lebenswertes" Leben handelt.

Wo die gesellschaftlichen Vorstellungen weiblichen Nachwuchs als minderwertig gegenüber männlichem betrachten, dort wird die pränatale Diagnostik in Verbindung mit der Abtreibung zur Tötung von Mädchen führen; wo behindertes Leben unerwünscht ist, droht die entsprechende Praxis. Es ist nicht zu sehen, wo der so eingeleiteten Entwicklung aufgrund des einmal durchbrochenen ärztlichen Ethos auf zu rechtfertigende Weise entgegengewirkt werden könnte. Prinzipiell auszuschließen ist eine vom „Abtreibungsrecht" losgelöste und ethisch verantwortlich genutzte Praxis vorgeburtlicher Diagnostik natürlich nicht.

**Literaturhinweis**
Ranisch, Robert. 2015. „Du sollst das beste Kind wählen."
Eine Kritik des Pflichtbegriffs von Procreative Beneficience. In *Selbstgestaltung des Menschen durch Biotechniken*, Hrsg. R. Ranisch/S. Schuol/M. Rockoff, S. 191–208. Tübingen: Francke.

### 4.4.3 Gentechnologie

Mit dem Blick auf die genetische Frühdiagnostik haben wir bereits den Schritt von der Reproduktionsmedizin zur Gentechnologie erreicht. Gentechnologie beruht im Kern auf dem Eingriff in die menschlichen Erbanlagen durch Analyse und Manipulation der Erbinformation. Die Analyse der menschlichen Erbinformation ist vor dem ärztlichen Ethos im Grundsatz durch die Möglichkeit zu rechtfertigen, die sie hinsichtlich der Verhütung, Heilung oder Linderung von Krankheiten eröffnet, die durch die Gene des menschlichen Individuums bzw. die Wechselwirkung zwischen diesen Genen und seiner Umwelt bedingt sind (Gentherapie).

#### 4.4.3.1 Faktoren ethischer Bewertung

Für die ethische Bewertung müssen aber vor allem drei Faktoren in Betracht gezogen werden:

- die Abwägung der Risiken, die als Kehrseite dieser Heilungsmöglichkeiten für das Selbstverständnis und die Lebenschancen der Person entstehen;
- die Implikationen, die sich aus der für die Gentherapie notwendigen Forschung für von ihr betroffene menschliche Wesen ergeben;

- die Gefahren der Ermöglichung der „Züchtung" und schrankenlosen Manipulation des Menschen durch den Eingriff in seine Erbanlagen.

### 4.4.3.2 Gefahren der Gentherapie

Man wird im Umgang mit den Möglichkeiten der Gentherapie das Prinzip des ärztlichen Geheimnisses zu einem Prinzip der medizinischen Selbstbeschränkung entwickeln müssen.

Denn wo die Möglichkeit der Genomanalyse denen der Therapie vorauseilen, wo also etwa die Vorhersage erbbedingter Krankheiten möglich wird, während für diese Krankheiten noch keine Heilungschancen bestehen, ist die Umsetzung und Anwendung dieses neuen Wissens in der ärztlichen Praxis nicht zu verantworten.

Andererseits wäre es ebenso unverantwortlich, die zu solcher Vorhersagbarkeit führende Forschung zu unterlassen, wenn sie zur Verbesserung der Heilungsmöglichkeiten der betreffenden Krankheiten beiträgt.

Durch dieses Dilemma ist der Berufsstand des Arztes zu einer ethischen Gesamtbestimmung aufgerufen, die praktisch nur im weltweiten Rahmen geleistet werden kann. Wenn und solange die Lösung dieser Aufgabe als utopisch betrachtet wird, gilt die Verpflichtung zur Begrenzung der sich durch sie ergebenden Möglichkeiten.

Vor allem erfordert der Fortschritt in der Analyse erbbedingter Schädigungen die eindeutige Sicherung der Achtung vor behinderten und unheilbar kranken Menschen. Wenn wir uns dafür entscheiden, Verfahren einzusetzen, durch die Menschen davor gewarnt werden können, kranke oder behinderte Kinder zu zeugen, dann muss die Frage nach der Daseinsberechtigung bereits existierender kranker oder behinderter Menschen restlos ausgeschlossen sein. Wie dies mit der

Zulassung „eugenischer" (die Erbgesundheit betreffend; von griech. *eu* = gut und *genos* = Geschlecht, Art) Indikationen im Abtreibungsrecht vereinbar sein sollte, bleibt unerfindlich.

Parallele, wenn auch nicht unmittelbar lebensbedrohende Erwägungen, sind hinsichtlich der Analyse der Erbinformation bei Arbeitnehmern anzustellen. Einerseits kann der individuelle Arbeitsschutz durch die gentherapeutische Analyse berufsrelevanter Gefährdungen verbessert werden; andererseits eröffnen sich unabsehbare Möglichkeiten der Auswahl bei Einstellung und Entlassung, denen nur durch eine grundsätzliche ethische Besinnung auf den Zusammenhang von Wirtschaft und Gesellschaft begegnet werden kann.

### 4.4.4 Embryonenforschung

Eine der verhängnisvollsten Gefahren der Gentherapie ist die Forschung an Embryonen. Im besonderen Fokus in der Debatte um die Embryonenforschung steht die Gewinnung embryonaler Stammzellen. Verwendet werden meist pluripotente Stammzellen, d. h. solche, die die Fähigkeit haben, sich unbegrenzt vermehren und alle Zelltypen des Körpers bilden zu können. Die Stammzellen werden aus dem Inneren weniger Tage alter Embryonen entnommen. Entweder dienen hierzu „überzählige" Embryonen, die bei einer künstlichen Befruchtung gewonnen wurden, allerdings nicht mehr für eine Schwangerschaft benötigt werden. Zum anderen können abgetriebene oder fehlgeborene Embryonen für die Forschung verwendet werden. Auch wird das Verfahren des „therapeutischen Klonens" angewandt, wobei in eine gespendete entkernte Eizelle das Erbmaterial des Patienten eingesetzt wird, woraufhin dieser Kern „reprogrammiert" und somit in den „Urzustand" versetzt wird. Aus einer solchen Zelle können anschließend pluripotente Stammzellen gewonnen werden. Ethisch kann zwischen den menschlichen Wesen, denen durch solche Forschung letztlich geholfen werden soll, und denjenigen, die für sie verwendet und damit geopfert werden, keine klare Grenze gezogen werden: Kein Forschungsergebnis rechtfertigt die Opferung von Menschen. Auch das Argument, dass es sich um ohnehin nicht überlebensfähige Einheiten handle, zählt nicht, da es auf Sterbende nicht weniger anwendbar wäre. Bei dem Gedanken schließlich, dass die so erzeugten Embryonen gar nicht unter die ethische Reflexion fallen, weil sie nur zum Zwecke ihrer Verwendung gezüchtet worden seien und sonst niemals gelebt hätten, handelt es sich um einen unzulässigen Schluss, der sich im Kreis dreht (Zirkelschluss); denn ob man Menschen zum Zwecke ihrer Verwendung für andere erzeugen dürfe, soll gerade durch die Reflexion auf den ethischen Status des Embryos erst beurteilt werden.

### 4.4.5 Eingriff in die Keimbahn und Menschenzüchtung

Ein entscheidender Gesichtspunkt, der den Einsatz gentechnologischer Methoden zur Krankheitsbekämpfung begrenzt, ist die Veränderung der Persönlichkeit des zu heilenden Menschen. Die Person als durch Zeugung in das allgemeine Rechts- und Würdeverhältnis eingetretenes Glied des Menschengeschlechts ist nicht zu „verändern". Sie hat jedoch die Eigenart, ihr Leben zu entwerfen und sich zu ihm als einem möglicherweise gelingenden oder misslingenden zu verhalten.

Die spezifische Eigenart des menschlichen Lebens muss aufgrund des ihr eröffnend und rechtfertigend vorgelagerten Würde- und Rechtsverhältnisse als eine Aufgabe respektiert werden, die jede Person, so weit es ihr möglich ist, eigenverantwortlich zu bewältigen hat. Auch und gerade bei schwerer Krankheit und Behinderung ist es die Aufgabe der anderen Person, den Rest an lebensentwerfender Persönlichkeit, über den der hilfsbedürftige Mensch verfügt, zu respektieren und – unabhängig von der Frage, ob die hilfsbedürftige Person bewusst wahrnehmen kann, wie sie behandelt wird – zur Geltung kommen zu lassen.

Beim Eingriff in die Keimbahn, d. h. in die Erbinformation von Zellen, aus denen die Keimzellen hervorgehen, ist eine Persönlichkeitsveränderung nicht auszuschließen. Dieser Eingriff ist beim heutigen Stand der gentechnologischen Forschung nicht durchführbar. Die grundsätzliche Besinnung auf seine ethische Relevanz ist aber möglich und kann noch einmal den Wesenszusammenhang zwischen Personalität und Rechtfertigung beleuchten.

### 4.4.6 Klonen von Menschen

Die Möglichkeit der genetischen Reduplikation von Menschen durch Manipulation von totipotenten Zellen im frühesten Stadium der Individualentwicklung ist noch nicht realisierbar; jedoch sind bereits Tiere geklont worden, und es wird an verschiedenen Stellen konsequent an der Anwendung dieser Technologie auf den Menschen gearbeitet. In Europa ist das Klonen von Menschen rechtlich praktisch überall verboten. Es ist Gegenstand eines Zusatzprotokolls zum „Menschenrechtsübereinkommen zur Biomedizin" des Europarats. Weltweit herrscht noch weitgehend Einigkeit über das Verbot des Klonens von Menschen.

Die Argumente, die in der Regel dagegen ins Feld geführt werden, sind jedoch hinsichtlich ihrer künftigen Durchschlagskraft zweifelhaft.

Dies gilt etwa für die Annahme, dass der geklonte Mensch in ein Abhängigkeitsverhältnis oder Sklavereiverhältnis ge-

genüber den natürlich gezeugten Menschen geraten müsste.
Hiergegen ließen sich rechtliche Vorkehrungen treffen.

Auch das Argument, dass der geklonte Mensch die natürliche Unwissenheit gegenüber seinem eigenen Lebensschicksal verlieren müsste, wenn er sich als Kopie eines Anderen, der bereits gelebt hat, feststellen müsste, wird abzuwägen sein gegen die Vorteile, die das Klonen etwa hinsichtlich der Senkung des Krebsrisikos von Frauen bei der In-vitro-Fertilisation haben könnte.

Argumente, die wirklich gegen das Klonen sprechen, müssen aus grundlegenderen Erwägungen gezogen werden: Insbesondere würde durch das Klonen die Menschheit in zwei Teile geteilt, deren Zusammengehörigkeit nicht mehr auf natürlicher Basis beruhen würde, sondern nur noch durch politische Entscheidung herbeigeführt werden könnte. Gründe für eine solche politische Entscheidung könnte man aber eben nicht mehr aus der Natur des Menschen ziehen. Die Zusammensetzung der Menschheit würde somit endgültig zu einer Sache der politischen Entscheidung. Es ist nicht zu sehen, wie diese Entscheidung von Nützlichkeits- und Machterwägungen frei gehalten werden könnte. Durch das Klonen würde es zum ersten Mal in der Menschheitsgeschichte dazu kommen, dass menschliche Personen und eine andere Art von menschlichem Leben (geklonte Körperteile, geklonte Menschen, übrigens auch der sog. „Hirntote") nebeneinander existieren würden. Die Personen müssten dann das Herstellungs- und Behandlungsrecht gegenüber dem nichtpersonalen menschlichen Leben beanspruchen. Wo genau die Grenze zwischen personalem und nichtpersonalem Leben zu ziehen wäre, müsste durch politische Entscheidungen festgelegt werden. Wir wären dann genau an der prinzipiell irrationalen Grenze angelangt, gegen die oben (vgl. 4.2.1.1) die Untrennbarkeit von Menschsein und Personsein festgehalten wurde.

**Literaturhinweis**
Taboada, Paulina. 2003. Stammzellforschung und Menschenwürde. In *Menschenleben – Menschenwürde*, Hrsg. W. Schweidler/H. A. Neumann/E. Brysch, S. 129–149. Münster/Hamburg/London: LIT.
Merkel, Reinhard. 2003. Embryonenschutz, Grundgesetz und Ethik. Über verfassungsrechtliche Mißverständnisse und moralische Grundlagen im Streit um die Forschung an embryonalen Stammzellen. In *Menschenleben – Menschenwürde*, Hrsg. W. Schweidler/H. A. Neumann/ E. Brysch, S. 151–164. Münster/Hamburg/London: LIT.
Gelhaus, Petra. 2006. *Gentherapie und Weltanschauung. Ein Überblick über die gen-ethische Diskussion*. Darmstadt: Wissenschaftliche Buchgesellschaft.

### 4.4.7 Zusammenfassung

Man kann zum Schluss dieses Kapitels noch einmal auf unseren Grundgedanken zurückkommen, dass die Ergebnisse der „Angewandten Ethik" immer mit der Frage korreliert sind, wozu sie überhaupt nötig und wodurch sie möglich ist. Kurz gesagt: Wäre die Manipulation der menschlichen Person im Verhältnis zu sich selbst erlaubt, dann hätte unsere ethische Reflexion gar keinen Sinn. Unser gesamtes ethisches Nachdenken hat zur Voraussetzung, dass wir allein durch Argumente zu überzeugen versuchen. Dem wäre der Boden entzogen, wenn wir die Bereitschaft anderer Menschen, unseren Argumenten zuzustimmen oder nicht, manipulieren könnten. Die Einflussnahme von außen auf die Bedingungen der Rechtfertigung unseres Handelns lässt sich prinzipiell nicht begründen. Auf eine solche Einflussnahme würde die Fähigkeit hinauslaufen, in die Persönlichkeit anderer Menschen durch technische Manipulation einzugreifen. Damit wäre die

Gefahr gegeben, dass der Eingriff in menschliches Leben sich die Persönlichkeiten schafft, die er zu seiner Rechtfertigung hinterher benötigt. Dieser Gefahr muss ethische Reflexion in ihrem innersten Kern entgegentreten, ja der Kampf gegen sie ist in gewisser Weise die andere Seite ihrer selbst. Ethik ist nicht zuletzt die Analyse der Lebensweise, die der Forderung der Unverfügbarkeit der Zustimmungsfähigkeit des Menschen zu dem, was mit ihm geschieht, gerecht werden kann.

Der Mensch darf darum vom Menschen nicht gezüchtet werden, d. h. er darf nicht durch zweckhaften Eingriff in seine Erbanlagen in seiner Identität verfügbar gemacht werden. Dies ist nicht einfach ein Anwendungsergebnis ethischer Reflexion, sondern in gewisser Weise die Zusammenfassung all dessen, was Ethik überhaupt zu sagen hat. Die hier ersichtliche Grenze deutet auf das, was man die „politische Natur" des menschlichen Daseins nennen kann. Unsere ethische Reflexion zeigt, dass wir bestimmte Handlungen nicht zulassen dürfen, wenn wir weiter ethisch reflexionsfähige Wesen bleiben wollen.

Es gibt keine dritte Ebene, von der aus wir die Entscheidung zwischen einer Lebensform, innerhalb derer es Ethik gibt, und einer zweiten, „gezüchteten" Lebensform des Menschen, treffen können. Ethik verteidigt, wo sie den Zugriff auf die Bedingungen rationaler Rechtfertigung zurückweist, ihre elementarste natürliche Basis. Sie berührt die – im zwanzigsten Jahrhundert wie von keinem andern von Ludwig Wittgenstein herausgearbeitete – Grenze, an der rationales Argumentieren und die Entscheidung für eine konkrete Lebensform, in der alle Menschen miteinander verbunden sind, zwei Seiten einer Medaille darstellen.

**Verwendete Literatur**

Balkenohl, Manfred. 2010. Der Hirntod – Zur Problematik einer neuen Todesdefinition. In *Handbuch für Lebens-*

*schutz und Lebensrecht,* Hrsg. M. Balkenkohl/R. Rösler, S. 469–486. Paderborn: Bonifatius.

Balkenohl, Manfred. 2010. Ist der Kranke ein Parasit der Gesellschaft? In *Handbuch für Lebensschutz und Lebensrecht,* Hrsg. M. Balkenkohl/R. Rösler, S. 537–541. Paderborn: Bonifatius.

Bauer, Axel W. 2016. *Normative Entgrenzung. Themen und Dilemmata der Medizin- und Bioethik in Deutschland.* Wiesbaden: Springer.

Descartes, René. Discours de la méthode pour bien conduire sa raison, et chercher la verité dans les sciences – Von der Methode des richtigen Vernunftgebrauchs und der wissenschaftlichen Forschung. In: R. Descartes. *Philosophische Schriften in einem Band. Mit einer Einführung von R. Specht.* Hamburg: Meiner 1996.

Düwell, Marcus. 2008. *Bioethik. Methoden, Theorien und Bereiche.* Stuttgart: Metzler.

Enzyklika „*Humanae vitae*" über die rechte Ordnung der Weitergabe menschlichen Lebens. Lat.-dt. von der deutschen Bischofskonferenz approbierte Übersetzung. Trier (Paulinus-Verlag) 1968, 25 (= Nachkonziliare Dokumentation Bd. 14).

Gelhaus, Petra. 2006. *Gentherapie und Weltanschauung. Ein Überblick über die gen-ethische Diskussion.* Darmstadt: Wissenschaftliche Buchgesellschaft.

Hare, Richard M. 1990. Abtreibung und die Goldene Regel. In *Um Leben und Tod. Moralische Probleme bei Abtreibung, künstlicher Befruchtung, Euthanasie und Selbstmord,* Hrsg. A. Leist, S. 132–156. Frankfurt a. M.: Suhrkamp.

Hastedt, Heiner. 1994. *Aufklärung und Technik. Grundprobleme einer Ethik der Technik.* Frankfurt a. M.: Suhrkamp (= stw 1141).

Hoff, Johannes und J. in der Schmitten (Hrsg.). 1994. *Wann ist der Mensch tot? Organverpflanzung und Hirntodkriterium.* Reinbek bei Hamburg: Rowohlt.

Jonas, Hans. 1979. *Das Prinzip Verantwortung. Versuch einer Ethik für die technische Zivilisation.* Frankfurt a. M.: Suhrkamp (= st 1085).

Knoepffler, Nikaus. 2004. *Menschenwürde in der Bioethik.* Wiesbaden: Springer.

Lenk, Hans (Hrsg.). 1991. *Wissenschaft und Ethik.* Stuttgart: Reclam (= UB 8986).

Merkel, Reinhard. 2003. Embryonenschutz, Grundgesetz und Ethik. Über verfassungsrechtliche Mißverständnisse und moralische Grundlagen im Streit um die Forschung an embryonalen Stammzellen. In *Menschenleben – Menschenwürde,* Hrsg. W. Schweidler/H. A. Neumann/ E. Brysch, S. 151–164. Münster/Hamburg/London: LIT.

Ranisch, Robert. 2015. „Du sollst das beste Kind wählen." Eine Kritik des Pflichtbegriffs von Procreative Beneficience. In *Selbstgestaltung des Menschen durch Biotechniken,* Hrsg. R. Ranisch/S. Schuol/M. Rockoff, S. 191–208. Tübingen: Francke.

Rescher, Nikolas. 1985. *Die Grenzen der Wissenschaft.* Stuttgart: Reclam.

Schweidler, Walter. 2003. Zur Analogie des Lebensbegriffs und ihrer bioethischen Relevanz. In *Menschenleben – Menschenwürde,* Hrsg. W. Schweidler/H. A. Neumann/ E. Brysch, S. 13–29. Münster/Hamburg/London: LIT.

Schweidler, Walter. 2006. Definition von Arzt und Patient aus philosophischer Sicht. In *Arzt und Patient. Eine Beziehung im Wandel,* Hrsg. V. Schumpelick/B. Vogel, S. 204–213. Freiburg im Breisgau: Herder.

Seidel, Johannes. 2010. *Schon Mensch oder noch nicht? Zum ontologischen Status humanbiologischer Keime.* Stuttgart: Kohlhammer.

Shewmon, Alan. 2003. "Hirnstammtod", "Hirntod" und Tod: Eine kritische Re-Evaluierung behaupteter Äquivalenz. In *Menschenleben – Menschenwürde*, Hrsg. W. Schweidler/H. A. Neumann/E. Brysch, S. 293–316. Münster/Hamburg/London: LIT.

Singer, Peter. 1994. *Praktische Ethik*. Aus dem Engl. übers. von J.-C. Wolf/O. Bischoff/D. Klose. erweit. Ausg. Stuttgart: Reclam (= UB 8033).

Spaemann, Robert. 1991. Sind alle Menschen Personen? Über neue philosophische Rechtfertigung der Lebensvernichtung. In *Tüchtig oder tot? Die Entsorgung des Leidens*. Hrsg. J.-P. Stössel. Freiburg/Basel/Wien: Herder.

Spaemann, Robert. 1996. *Personen. Versuche über den Unterschied zwischen "Etwas" und "Jemand"*. Stuttgart: Klett-Cotta.

Spaemann, Robert. 2010 Ist der Hirntod der Tod des Menschen? In *Handbuch für Lebensschutz und Lebensrecht*, Hrsg. M. Balkenkohl/R. Rösler, S. 487–502. Paderborn: Bonifatius.

Stegmüller, Wolfgang. 1969. *Metaphysik, Skepsis, Wissenschaft*, 2. Aufl. Berlin: Springer.

Steigleder, Klaus und D. Mieth (Hrsg.). 1991. *Ethik in den Wissenschaften. Ariadnefaden im technischen Labyrinth*, 2. Aufl. Tübingen: Attempto.

Taboada, Paulina. 2003. Stammzellforschung und Menschenwürde. In *Menschenleben – Menschenwürde*, Hrsg. W. Schweidler/H. A. Neumann/E. Brysch, S. 129–149. Münster/Hamburg/London: LIT.

Tooley, Michael. 1990. Abtreibung und Kindstötung In *Um Leben und Tod. Moralische Probleme bei Abtreibung, künstlicher Befruchtung, Euthanasie und Selbstmord*, Hrsg. A. Leist, S. 157–195. Frankfurt a. M.: Suhrkamp.

Wagner-Westerhausen, Katja. 2008. *Die Statusfrage in der Bioethik*. Berlin: LIT.

Wolf, Jean Claude. 1991. Sterben, Tod und Tötung. In *Praktische Philosophie. Grundorientierungen angewandter Ethik,* Hrsg. K. Bayertz, S. 243–277. Reinbek bei Hamburg: Rowohlt.

# 5 Gemeinschaft, Gesellschaft und Umwelt

Während die wissenschaftlich-technische Entwicklung weltweit ähnliche Probleme aufwirft, sind Politik und Recht jeweils an einen kulturellen und nationalen Hintergrund gebunden, den man als solchen respektieren muss und nicht zum Gegenstand ethischer Beurteilung machen kann. Ebenso wenig wie die personale Identität eines Menschen lässt sich die geschichtlich gewachsene Identität eines Volkes oder einer Volksgruppe aus abstrakten, allgemeinen Prinzipien begründen. Wie die personale entbindet auch die geschichtlich gewachsene Identität nicht von der Frage nach Gerechtigkeit im Leben und Zusammenleben der Menschen untereinander und im Verhältnis der Menschen zur nichtmenschlichen Wirklichkeit. Der Anspruch an den Menschen, sich vor seinen Mitmenschen zu rechtfertigen, wohnt gerade der Politik ganz urtümlich inne. Das 5. Kap. behandelt die Grundzüge einer ethischen Reflexion politischen Handelns in den Themenbereichen Mensch und Natur, Mensch und Staat, Mensch und Gemeinschaft.

Der einleitende Abschnitt belegt historisch das Verhältnis von Ethik und Politik in der Antike und Neuzeit (5.1).

Der zweite Abschnitt legte den fundamentalen Unterschied zwischen Mensch und Natur dar und bringt die Grundprinzipien des Umwelt- und Artenschutzes zur Geltung (5.2).

Der umfangreiche dritte Abschnitt behandelt die Fragen der rechtlichen Ordnung national und international und legt die Grenzen zwischen gesetzlichem Rechtsanspruch und moralischer Hilfsverpflichtung fest (5.3).

Der vierte Abschnitt verweist auf den Unterschied zwischen Gesellschaft und Gemeinschaft und unterstreicht die ethische Bedeutung menschlicher Gemeinschaft (5.4).

## 5.1 Ethik und Politik

### 5.1.1 Zuordnung in der Antike

In der antiken Lebensethik wurde die Legitimität politischer Verhältnisse aus der Gerechtigkeit der Herrschenden und damit aus einem eindeutig ethischen Anspruch heraus begründet. Ein guter Staat ist, so Platon (1988, S. 34),

„einer, in dem der Regierende nicht dazu geschaffen ist, auf den eigenen Vorteil auszugehen, sondern auf den der Regierten."

Aristoteles (1996, S. 118) verknüpft Ethik und Politik radikal in der These, man müsse

„die politischen Gemeinschaften auf die edlen Handlungen hin einrichten und nicht bloß auf das Beisammenleben."

### 5.1.2 Zuordnung in der Neuzeit

Das Christentum und die Aufklärung haben diesen (am Modell des überschaubaren griech. Stadtstaates orientierten) Anspruch des Staates erheblich relativiert, so dass in der Moderne nicht mehr die sittliche Qualität, sondern die institutionelle Kontrollierbarkeit der Herrschenden zum wichtigsten Legitimationskriterium des Staates geworden ist. Damit ist der ethische Gesichtspunkt aus der Politik keineswegs verschwunden, er hat sich nur verlagert: Die Kontrolle der Regierenden durch die Regierten setzt voraus, dass es ein Maß gibt, an dem auch die Regierten ihr Verhältnis untereinander und zu den Regierenden auszurichten haben. Die amerikanische Unabhängigkeitserklärung hat 1776 die fundamentalen „Rechte des Menschen" zu diesem Maß erklärt und verfassungsrechtlich verankert. Dieses Prinzip ist, vermittelt über die Allgemeine Erklärung der Menschenrechte von 1946 und die Charta der Vereinten Nationen sowie die völkerrechtlich bindenden Menschenrechtspakte, von fast allen heute existierenden Staaten übernommen worden.

Mit den Menschenrechten wird nicht mehr die Verpflichtung des Menschen gegenüber einer transzendenten Macht als Grundlage des Staates behauptet, wohl aber das Verhältnis des Menschen zu allen anderen Menschen. Eben weil seine Rechte die Rechte sind, die ihm als Angehörigen des Menschengeschlechts zukommen, ergibt sich ihre Begrenzung aus ihnen selbst, aus ihrem Hingeordnetsein auf das Recht des jeweils anderen Menschen. Man nimmt sein Recht als Mensch wahr, indem man die Rechte aller Menschen zum Beurteilungskriterium des eigenen Handelns macht. Darum muss die ethische Fundierung der Politik und des Rechts wesentlich in der Besinnung auf die politischen und rechtlichen Bedingungen des Verhältnisses bestehen, durch das und innerhalb dessen sich der Mensch von allem anderen auf der Welt unterscheidet.

## 5.2 Der Eigenwert der Natur

Gerechtigkeit heißt, Gleiches gleich und Ungleiches ungleich zu behandeln. Die Frage nach dem Recht, das den Menschen allen Menschen verpflichtet und von allem Nichtmenschlichen trennt, ist daher wesentlich als die Frage zu stellen, worin der Mensch sich von allem anderen so unterscheidet, dass es ihm möglich wird und darum auch von ihm zu verlangen ist, sich vor seinesgleichen zu rechtfertigen. Es geht also um den spezifischen Unterschied, der die Menschheit nicht so wie jede natürliche Art auf der Welt von anderen abhebt, sondern sie allem Nichtmenschlichen gegenübertreten lässt.

### 5.2.1 Grenze zwischen Mensch und Natur

Der Begriff „Natur" (griech. *physis*) bezeichnet die jedem Lebewesen, auch dem Menschen, eigentümliche Grundverfassung, durch die es sich auf seine Art von andersgearteten Lebewesen unterscheidet. Wir haben oben schon auf den Wandel dieses Begriffs im Lauf der Geschichte hingewiesen, wollen hier aber dessen politische Konsequenzen beleuchten.

#### 5.2.1.1 Historische Positionen

Der Mensch hebt sich in diesem in enger Verbindung mit der antiken Lebensethik entstandenen Verständnis von der übrigen Natur durch die Vernunft ab, d.h. durch die ihm natürlich gegebene Fähigkeit, alles Seiende als das, was es ist, nachzuvollziehen (es zu „verstehen") und sich zu ihm aufgrund vernünftiger Einsicht („frei") im Sinne der ihm natürlich vorgegebenen Ziele zu verhalten. Aus der Vernunft als dem spezifischen Unterschied der menschlichen von der Natur anderer

Wesen folgt erst das Recht, die vernunftlosen Geschöpfe zum Nutzen des Menschen zu gebrauchen. Nicht hingegen kann umgekehrt der erreichbare Nutzen festlegen, worin vernünftiger Umgang mit der Natur besteht.

In der Neuzeit hat sich der Naturbegriff deutlich gewandelt. „Natur" bezeichnet nun den Inbegriff der Objektewelt, die dem Menschen als dem aus der Natur herausgeschrittenen, ihr überhobenen Wesen polar entgegengesetzt ist und von ihm wie ein technischer Apparat für Zwecke manipuliert werden kann. Es ist kein Zufall, dass die Philosophien, wie die des Franzosen *René Descartes* (1596–1650) und des Engländers *Thomas Hobbes* (1588–1679), die dieses Naturverständnis durchgesetzt haben, für Ethik überhaupt keinen wissenschaftlich akzeptablen Platz mehr sahen.

Die Rückbesinnung auf die Ethik in den folgenden Jahrhunderten hat auch die strikte Trennung von Mensch und Natur wieder in Frage gestellt. Wir sind uns erneut klar darüber geworden, dass das Heraustreten des Menschen aus der Natur kein abgeschlossener und kein abschließbarer Prozess ist. Wir Menschen sind in einer unumkehrbaren Hinsicht Naturwesen, die sich freilich in einer anderen Hinsicht von allem, was zur sonstigen Natur gehört, radikal unterscheiden. Um diesen Sachverhalt zu charakterisieren, muss man neben dem klassischen Begriff der Vernunft auf den der Kultur verweisen.

### 5.2.1.2 Kultur und Humanität

Kultur ist der Inbegriff der Leistungen, mit denen der Mensch aufgrund seiner Natur die Natur aller anderen Wesen und seine eigene Natur auf das eigentlich Menschliche hin überschreitet, das wir in der Forderung der „Humanität" zum Ausdruck bringen. Diese Forderung wird durch die Errichtung und Aufrechterhaltung von Lebensformen wahrgenommen, innerhalb derer Menschen sich vor ihren Mitmenschen für das, was sie tun, rechtfertigen können. Die kulturellen Lebensformen haben den Charakter von Entwürfen, d. h. sie erlangen ihre Realität dadurch, dass wir diese Realität in Form einer Forderung an unser Leben voraussetzen und die Berechtigung dieser Forderung durch das, was sich durch ihre Befolgung einstellt, bestätigt finden.

„Humanität" ist nicht eine Sammelbezeichnung, unter die kulturelle Lebensformen untergeordnet oder aus der sie abgeleitet werden könnten, sondern die Benennung des jedem kulturell gegründeten Ethos innewohnenden Anspruchs, repräsentativ für Kultur überhaupt zu sein. Kein konkretes kulturelles Ethos kann beanspruchen, alle anderen in sich einzubegreifen; aber jedes kulturelle Ethos muss beanspruchen, das eigentlich Menschliche auf seine Weise und damit repräsentativ gegenüber allen anderen Kulturformen zu verkörpern. Jede menschliche Kultur steht also, wenn man so will, *metonymisch* zu allen anderen und zur menschlichen Kultur überhaupt.[17] In dieser strukturellen Beziehung liegt die eigentliche Überwindung des spezifisch neuzeitlichen Gegensatzes zwischen menschlichem „Subjekt" und natürlichem „Objekt". Der Mensch hat, wie jedes andere Lebewesen, seine Natur. Er hat aber durch die *differentia specifica,* welche seine von der Natur aller anderen Wesen unterscheidet, nämlich durch das Verfügen über die zeichenhafte Repräsentation alles Seienden, er hat also als *animal symbolicum* seine Natur in Lebensformen realisiert, die nicht aus Natur allein ableitbar und erklärbar sind. Die menschliche Natur ist prinzipiell und lückenlos kulturell codiert; das heißt, es gibt keinen Lebensbereich, in dem der Mensch ohne (oder auch in der) Bezie-

---

17 Zum hier verwendeten Begriff des Metonymischen vgl. Schweidler, Walter (Hrsg.). 2014. *Zeichen – Person – Gabe. Metonymie als philosophisches Prinzip.* Freiburg/München: Karl Alber.

hung zu seinen Mitmenschen „das Natürliche" zu finden oder zu diesem „zurückzukehren" vermöchte. Elementarstes Beispiel ist die Sprache: Wir sind von Natur aus sprechende Wesen, aber es gibt keine „natürliche" Sprache,[18] sondern nur die Muttersprache, die wir nicht durch einen Sprachkurs lernen, sondern indem wir als sprechende Wesen behandelt werden noch bevor sich dieses Wesen zeigt.

Das Grundverhältnis von Natur und Kultur im Menschen bringt, auch wenn man auf der rein innerweltlichen Ebene bleibt und den Gedanken einer transzendenten Verpflichtung des Menschen ausblendet, in jedem Fall eine grundlegende Diskrepanz mit sich: Der Mensch trägt innerhalb der Natur nur vor, aber nicht nur für Menschen Verantwortung. Der Kreis der Adressaten und der Bereich des Inhalts möglicher und nötiger Rechtfertigung fallen auseinander. Gerade weil nur Menschen sich voreinander rechtfertigen können, müssen sie für alles Verantwortung übernehmen, was aus ihrem Handeln für nichtmenschliche Wesen folgt. Allerdings gibt es hier Abstufungen der Verantwortung, die sich nach der natürlichen Nähe richten, in welcher der Mensch zu nichtmenschlichen Wesen steht.

### 5.2.1.3 Recht und Würde der Natur?

Wenn wir dem Begriff der Würde den Status kennzeichnen, in den die Mitglieder des Menschengeschlechts aufgrund dieser erbrachten kulturellen Leistung zueinander getreten sind, dann kann nichtmenschlichen Wesen keine Würde zugespro-

---

18 Im Mittelalter sollen „Experimente" durchgeführt worden sein, in denen man Kindern keine Sprache beibrachte, um zu beobachten, welche sie aus sich selbst, also ohne Ansprache durch ihre Eltern, erlernen würden, und diese Kinder sollen gestorben sein.

chen werden. Sehr wohl hingegen gibt es einen unwürdigen Umgang von Menschen mit Nichtmenschlichem. Darum erfordert es die Verantwortung des Menschen vor seiner Würde, den unwürdigen Umgang mit Nichtmenschlichem als Rechtsverletzung zu betrachten und ihm entgegenzutreten. Dennoch wäre es irreführend, von „Rechten" der Natur oder konkreter nichtmenschlicher Lebewesen zu sprechen, die hier verletzt würden. Denn das Wort „Recht" bezeichnet im neuzeitlichen Verständnis jenes spezifisch menschliche Verhältnis zu sich und seinesgleichen, in das uns Vernunft und Kultur zueinander haben treten lassen und ohne das es überhaupt keinen Rechtfertigungszwang gäbe und also auch keinen Zwang zur Rechtfertigung für das, was wir nichtmenschlichen Wesen antun. Wenn wir von „Rechten" der Tiere oder Pflanzen sprechen würden, so müssten wir eben ein anderes Wort finden, um das menschliche Verhältnis zu bezeichnen und zu bewahren, ohne das es Respekt vor „Rechten" nicht gibt.

Um hier Unklarheit zu vermeiden, ist es besser, die Kategorie der Würde allein auf die Angehörigen des Menschengeschlechts anzuwenden, so dass man vom Prinzip der Exklusivität der Menschenwürde sprechen kann, für das folgende Gesichtspunkte ausschlaggebend sind:

Recht und Würde beruhen auf einer kulturellen Entwicklung, die eine spezifisch menschliche Sprech- und Lernfähigkeit voraussetzt. Dadurch wird es einer Generation möglich, „erworbene Eigenschaften zu vererben", so der österr. Verhaltensforscher *Konrad Lorenz* (1903-1989), also durch Erziehung und Bildung den natürlichen Zyklus zu unterbrechen, innerhalb dessen gemachte Erfahrung mit ihrem Träger wieder vergeht. Sogar wenn sich zeigen würde, dass bestimmte Tiere durch Kontakt mit dem Menschen ein Stück weit in einer entsprechenden Richtung voranschreiten können, wäre dies immer noch ein geschichtlicher Vorgang, wäre also das Eingreifen des Menschen in das Leben dieser Tiere ein einmaliges, selbst noch einmal der kulturellen Entwicklung des Menschen verdanktes Geschehen. Recht und Würde setzen nicht einfach voraus, dass ein Wesen „Interessen" hat, sondern dass es sich zu diesen noch einmal zu verhalten, sich also unter Umständen von ihnen zu distanzieren vermag. Nur die Menschen als Personen „können, was ihre Vorlieben und Zwecke angeht, gern anders sein wollen, als sie sind." (Frankfurt 1993, S. 288). Nur der Mensch hat „Wünsche zweiter Stufe" (engl. *second order desires*). Nicht durch die natürlichen Strebungen, sondern durch das ihnen gegenüber einzunehmende Verhältnis werden Menschen in eine Rechtsbeziehung gebracht. Aus der Tatsache, dass ein Wesen von Natur aus nach etwas strebt, folgt keine normative Verpflichtung. Wenn Menschen sich entscheiden, das „Interesse" von Tieren zu vertreten, dann erfolgt diese Vertretung wieder gegenüber anderen Menschen, und zwar aufgrund des ihnen gegenüber bestehenden Rechtsverhältnisses.

Rechte setzen institutionelle Verfahren ihrer Durchsetzung voraus, insbesondere ein Forum, vor dem ein der Rechtsverletzung beschuldigtes Wesen gehört werden, und eine Macht, die ihm auferlegte Strafen durchsetzen kann. Sonst ist das angebliche „Rechtsverfahren" nichts anderes als ein Abschreckungs- bzw. Abrichtungsvorgang, durch den ein Wesen dazu gebracht wird, sich anders als bisher zu verhalten. Die Humanität des Rechts hängt nicht zuletzt daran, dass wir es unter Menschen gerade nicht in dieser Weise sehen. Gegenüber nichtmenschlichen Wesen aber könnten wir es gar nicht anders sehen. Wir können einem Tier keine Vorwürfe machen und von ihm keine Reflexion über angerichteten Schaden erwarten, sondern es nur durch geeignete Abrichtungsmaßnahmen von der Wiederholung seines Verhaltens abbringen. Es weicht dann genau vor dem zurück, das zu bändigen gerade der Sinn des Rechts ist, nämlich vor unserer physischen Macht.

### 5.2.2 Verhalten des Menschen zum Tier

So wenig also der Hinweis auf das Tier als „Analogon der Menschheit" (Kant) gleichbedeutend mit seiner Anerkennung als Rechtswesen sein kann, so ausschlaggebend ist er doch für die Bemessung unserer Verantwortung gegenüber Tieren.

#### 5.2.2.1 Notwendigkeit der Rechtfertigung

Wenn Menschenwürde darin gründet, dass wir uns für alles, was wir tun, zu rechtfertigen haben, dann müssen wir die Wirklichkeit in ihrer Vielfalt und Vielschichtigkeit als Ausgangspunkt unserer Verantwortung anerkennen. Wenn es in unsere Willkür gestellt wäre, wie wir einen Bestandteil der Wirklichkeit zu betrachten haben, dann würde die ganze Idee der Rechtfertigung leerlaufen. Auch hier gibt es jedoch eine Abstufung durch unterschiedliche Nähebeziehungen.

Wir finden bei Tieren in abgestufter Weise entsprechende Eigenschaften wie Leiblichkeit, Triebhaftigkeit, Bewusstsein, Ausdrucksverhalten und Empfindungsfähigkeit, insbesondere offenkundiges Schmerzempfinden. Unsere Verantwortung gegenüber den Tieren ergibt sich nun nicht einfach aus dieser Ähnlichkeit, sondern auf indirektere Weise: Die Ähnlichkeit zu Tieren lässt uns unmittelbar erkennen, dass diese in vielfältiger Form „auf etwas aus sind", dass sie also von selbst etwas erstreben und anderes fliehen. Dass etwas in dieser Weise „von sich selbst her sich zeigt", ist sogar die ursprüngliche Bedeutung des Begriffs „natürlich". Wo etwas in diesem Sinne „natürlich" geschieht, sind wir von jeder Rechtfertigung entbunden. Das heißt aber nicht, dass wir alles natürlich Geschehende so ablaufen lassen müssten, als seien wir gar nicht da. Artenschutz, Brandbekämpfung und Erhaltung natürlichen Gleichgewichts sind auch dann legitim, wenn nichts davon unmittelbar uns selbst dient. Wir tragen für das, was auf der Welt ohne unser aktives Wollen geschieht, keine Verantwortung und könnten sie auch nicht tragen. Aber wir sind auch kein „Störenfried", der sich aus der Natur herauszuhalten hätte, denn wir sind eben Naturwesen, und unsere Natur zeigt sich im freien und vernünftigen Handeln. Das wiederum bedeutet, dass wir dann, wenn wir in das natürlich von selbst Geschehene eingreifen und es in seinem Ablauf verändern, dies bewusst rechtfertigen können müssen. Wir müssen also vernünftige Gründe haben, aufgrund derer wir uns für den Eingriff in die Natur rechtfertigen können, und diese Gründe sind nicht mit unseren egoistischen Interessen identisch, sondern können vielfacher, auch ästhetischer, religiöser, emotionaler Art sein. Der Horizont der Vernünftigkeit wird wieder durch den Gesichtspunkt des möglicherweise gelingenden menschlichen Lebens gezogen.

**Literaturhinweis**
Heidegger, Martin. 1978. Vom Wesen und Begriff der ‚physis'. Aristoteles, Physik, B. 1. In: M. Heidegger, *Wegmarken*, 2. Aufl., S. 237–299. Frankfurt a. M.: Klostermann.

### 5.2.2.2 Gesichtspunkte der Rechtfertigung

Unter dem Gesichtspunkt angemessener Gerechtigkeit ist hier zu fordern, dass Eingriffe in natürliches tierisches Verhalten, je schwerwiegender sie sind und je eindeutiger sich das Tier gegen sie wehrt, desto unabdingbarer und fundamentaler in den Erfordernissen gelingenden menschlichen Lebens begründet sein müssen. Diese Erfordernisse lassen sich nicht abstrakt und endgültig bestimmen, sondern verweisen auf die handlungsorientierende Kraft des zwischen Menschen einer konkreten kulturellen Gemeinschaft gewachsenen sittlichen

Ethos. Als kulturübergreifende Gesichtspunkte der Rechtfertigung menschlichen Eingriffs in tierisches Verhalten lassen sich angeben:

- menschliches Schutzbedürfnis
- menschliche Ernährung, Kleidung und Wohnung
- menschliche Arbeitserleichterung
- der Schutz vor Krankheiten und die Notwendigkeit der Erforschung von Heilungsmöglichkeiten
- ästhetische, kreative und kulinarische Zwecke

### 5.2.2.3 Beachtung von Prinzipien

In der Verfolgung dieser Gesichtspunkte ist wiederum Verhältnismäßigkeit geboten, d. h. der Eingriff in die tierischen Bedürfnisse und Verhältnisse muss möglichst geringfügig sein. Insbesondere zu beachten sind:

- Prinzip des Artenschutzes: Die Ausrottung ganzer Tierarten ist nur erlaubt, soweit die genannten Rechtfertigungsgesichtspunkte sie unumgänglich machen und die Bewahrung auch nur eines Restes der betreffenden Tierart unzumutbar erscheinen lassen.
- Verbot der Tierquälerei: Ein Umgang mit Tieren, der Grausamkeit und Gefühllosigkeit gegenüber Schmerzzufügung voraussetzt bzw. sogar auf dem Vergnügen an der Schmerzzufügung beruht, ist durch keinen der genannten Rechtfertigungsgesichtspunkte zu begründen.
- Berücksichtigung des Prinzips der Doppelwirkung menschlicher Handlungen bzw. der Rückwirkung von Eingriffen ins natürliche Gleichgewicht auf den Menschen: Eine an sich zum Gelingen menschlichen Lebens beitragende Handlungsweise kann, etwa wenn sie von zu vielen

Menschen übernommen wird, auf längere sicht gerade das Gut, um dessentwillen sie dem Menschen dient, gefährden. Zu denken ist hier z. B. an die Ausrottung einer Tierart durch übermäßigen Fang; oder auch an die Möglichkeit, dass wir durch Ausrottung oder Verminderung einer uns gefährlichen Art deren natürliche Feinde ungewollt fördern, die uns womöglich noch gefährlicher werden.

### 5.2.2.4 Ethische Grundsätze bei Tierversuchen

Eine eigene Problematik stellen die Tierversuche dar, für die zumindest folgende Grundsatzerwägungen gelten:

Tiere (ab einer bestimmten Entwicklungsstufe) haben zwar selbstverständlich Schmerzen, aber das Wort „Schmerz" bedeutet für sie nicht dasselbe wie für den Menschen. Die durch das menschliche Verhältnis zum Leben als ganzen bestehende Fragestellung gibt es beim Tier nicht. Einem Tier in vielen Momenten seines Lebens Schmerzen zuzufügen ist nicht mit der dauerhaften Quälerei eines Menschen gleichzusetzen, dessen Schmerzen durch die Erkenntnis, ihnen niemals mehr entgehen zu können, zu einem Leid gesteigert würden, das mit tierischem Erleben nicht vergleichbar ist.

Trotzdem ist dauerhafte Schmerzzufügung auf einer bei Tier und Mensch so ähnlichen Ebene angesiedelt, dass es für qualvolle Tierversuche nur ein Kriterium der Rechtfertigung geben kann, nämlich die unvermeidliche Notwendigkeit und den vernünftigerweise annehmbaren Erfolg im Rahmen des Kampfes gegen leidvolle menschliche Krankheiten. Zumindest muss dann aber intensiv nach Alternativen zum Tierversuch geforscht werden. Ebenso besteht die Verpflichtung zu einer internationalen Koordination der Forschung, die parallele und überflüssige Tierversuche verhindern kann.

Tierversuche für militärische Zwecke müssen durch internationale Abkommen im koordinierten Verzicht beendet werden. Andere, insbesondere die Zwecke kosmetischer Forschung, kommen als Rechtfertigung nicht in Frage, auch nicht unter Berücksichtigung von Nachteilen im ökonomischen Konkurrenzkampf.

### 5.2.3 Mensch und Umwelt

#### 5.2.3.1 Begriff der Umwelt

Dass der Mensch überhaupt „Umwelt" hat, ist etwa von dem Philosophen *Max Scheler* (1874–1928) mit dem Hinweis auf die „Weltoffenheit" des vernünftigen Geistwesens Mensch bestritten worden. Schelers Kritik gilt freilich nur, wenn man den Begriff im engen Sinn als spezifische Umgebung einer Tierart versteht. Man kann ihn in Bezug auf den Menschen so verändern, dass er einen guten Sinn bekommt. Umwelt bedeutet dann den aus der Natur hervorgewachsenen, aber durch den Menschen im Sinne der Repräsentation humaner Lebensformen und geschichtlich gewachsener Identität kulturell umgestalteten Lebensraum, also das, was unser altes Wort „Heimat" festzuhalten versucht.

Die Notwendigkeit des Umweltschutzes ergibt sich aus dem Prinzip der Doppel- bzw. Rückwirkung menschlicher Eingriffe in die Natur: Umweltschutz ist nicht Naturschutz, sondern Schutz des Menschen vor der Eigendynamik und dem strukturell in einer marktwirtschaftlichen Ordnung angelegten Mangel an Übersicht über die langfristigen Folgen des ökonomischen Gewinnstrebens. Die grundsätzlichen Kriterien des Umweltschutzes wie Bewahrung vor „Lärm", „Sauberkeit" des Wassers oder „Reinheit" der Luft usw. sind immer auf den Menschen und seine Lebenswelt bezogen.

#### 5.2.3.2 Richtlinien des Umweltschutzes

Richtlinien eines dem Prinzip der gerechten Nutzen- und Lastenverteilung zwischen Menschen entsprechenden Umweltschutzes sind insbesondere:

- Verursacherprinzip: Umweltschäden sind primär von ihrem Verursacher zu beheben bzw. zu ersetzen, sekundär von der staatlichen Gemeinschaft, die für die Rechtsstellung des Verursachers Verantwortung trägt.
- Vorsorgeprinzip: Umweltschäden können nicht wie ökonomischer Materialverschleiß allein an ihren Kosten gemessen werden, sondern sie müssen, auch wenn dies unökonomisch erscheint, vorsorglich vermieden werden. Insbesondere muss Vorsorge das Wohl noch nicht existierender Generationen einbeziehen.
- Kooperationsprinzip: Umweltschädigung macht vor staatlichen Grenzen nicht halt und kann nicht immer eindeutig bestimmten Volkswirtschaften zugerechnet werden. Internationale Kooperation zu ihrer Bekämpfung ist daher eine sachlich gebotene ethische Pflicht.

## 5.3 Recht und Ordnung

Die entscheidende kulturelle Leistung, durch die der Mensch sein Leben zu einem entwerfbaren und Selbstverwirklichung eröffnenden biographischen Zusammenhang gewendet hat, war die Errichtung rechtlicher Strukturen. Durch sie wird jedermanns unvergleichliche Weise, sein Leben zu gestalten, zu einem Schutzgut, dessen Respektierung die Grundaufgabe des gesellschaftlichen Zusammenlebens darstellt. Freilich ist eine rechtliche Ordnung nicht mit der moralischen Beurteilung des Zusammenlebens zu identifizieren; aber sie kann von dieser nur in der reflektierenden Analyse, niemals in Wirklichkeit klar getrennt werden. Der Mensch, der sich zeit seines Lebens an die gesetzliche Ordnung eines legitimen Staates hält, erfüllt eine unrelativierbare ethische Grundforderung. Die Ethik trägt, so hat selbst Kant trotz seiner strikten Trennung der Geltungsgrundlagen von Recht und Moral festgehalten, die ganze Lehre des Rechts vor, weil alle, auch die juristischen Pflichten, „bloß darum, weil sie Pflichten sind, mit zur Ethik gehören" (Kant, 1983 [1797], S. 325).

Die klassische Definition bei dem deutschen Philosophen *Georg Wilhelm Friedrich Hegel* (1770–1831) lautet (Hegel 1986, S. 298):

„Das Sittliche, insofern es sich an dem individuellen durch die Natur bestimmten Charakter als solchen reflektiert, ist die Tugend, die insofern sie nichts zeigt als die einfache Angemessenheit des Individuums an die Pflichten der Verhältnisse, denen es angehört, Rechtschaffenheit ist."

Der Rechtsstaat ist die formale Ordnung, in der das Prinzip der Gerechtigkeit, soweit es durch äußeren Zwang durchgesetzt werden kann, seine Verwirklichung gefunden hat. Ein Widerstandsrecht oder ein Recht auf Ungehorsam gegen einen legitimen Staat kann es nicht geben. Wer in einem legitimen Staat gegen die Anwendung der Gesetze Widerstand leistet, kann dies als Zeichen seines politischen Kampfes um Gesetzesänderungen rechtfertigen, muss aber die gesetzlich vorgesehene Strafe für sein Tun moralisch akzeptieren.

### 5.3.1 Recht und Gesetz

Sobald man von einem „legitimen" Staat spricht, muss man eine Differenz zwischen Recht und Gesetz zugeben. Es gibt die Möglichkeit gesetzlichen Unrechts. Dies ist der Kern des klassischen Gedankens des „Naturrechts", der besagt, dass es einen übergesetzlichen Maßstab gibt, an dem sich jedes staatliche Gesetz noch messen lassen muss.

### 5.3.1.1 Legitimität des Staates

Die nach dem dt. Juristen *Gustav Radbruch* (1878–1949) benannte „Radbruchsche Formel", die eine der Grundstrukturen des Zusammenhangs von Gesetz und Recht bis heute gültig festhält, lautet:

„Der Konflikt zwischen der Rechtssicherheit und der Gerechtigkeit dürfte dahin zu lösen sein, dass das positive, durch Satzung und Macht gesicherte Recht auch dann den Vorrang hat, wenn es inhaltlich ungerecht und unzweckmäßig ist, es sei denn, dass der Widerspruch zur Gerechtigkeit ein so unerträgliches Maß erreicht, dass das Gesetz als ‚unrichtiges Recht' der Gerechtigkeit zu weichen hat." (Radbruch, 1973, S. 345).

*Arthur Kaufmann* (1923–2001) hat diese Formel so konkretisiert:

„Gesetze, Anordnungen und Befehle, die die fundamentalen Menschenrechte verletzen, sind nichtig, und ihre Urheber müssen sich vor dem Strafgericht verantworten." (Kaufmann, 1991, S. 10).

Im modernen Verfassungsstaat steht also das Bekenntnis zu den Menschenrechten als ein selbstgegebenes Korrektiv gegen den Verlust seiner übergesetzlichen Legitimitätsgrundlage, auch wenn dieser Verlust durch legale Maßnahmen (wie ein „Ermächtigungsgesetz" oder die Ausnützung von Notstandsregelungen) herbeigeführt wird. Festzuhalten ist jedoch, dass übergesetzliches Recht nicht unmittelbar mit einem moralischen Ethos identifiziert werden darf. Die Legitimitätsvermutung zugunsten des Rechtsstaats und die Gehorsamspflicht des Bürgers ihm gegenüber bestehen auch dann, wenn einzelne Elemente der staatlichen Gesetzgebung als ethisch inakzeptabel betrachtet werden müssen.

Nur wo der Staat als ganzer eine Unrechtsordnung darstellt, ist seine Ablehnung ethisch gerechtfertigt. Als Kriterium solch fundamentaler Ungerechtigkeit ist neben den Menschenrechten das Demokratieprinzip zu berücksichtigen. Ein Staat, der von der freien Zustimmung seiner Bürger getragen wird, ist dann nicht als Unrechtsordnung zu betrachten, wenn Einzelteile seiner Gesetzgebung gegen Menschenrechte (etwa das Recht ungeborener Kinder auf Leben) verstoßen. Gerade die Gehorsamsverpflichtung (die niemals eine Verpflichtung ist, die staatlichen Gesetze inhaltlich für richtig zu halten) entbindet den Staatsbürger hier von der Letztverantwortung für die betreffende Gesetzgebung.

Notwendige Bedingungen der Anerkennung der Legitimität eines Staates, zu der sich der Bürger in „freier Zustimmung" verhält, sind Freiheitsgewährleistungen des modernen Rechtsstaates: das Recht auf freie Meinungsäußerung und Meinungsbildung, Gewissensfreiheit, Religionsfreiheit, Pressefreiheit, Wissenschaftsfreiheit, Kunstfreiheit, Versammlungsfreiheit und vor allem Freizügigkeit und Ausreisefreiheit, freie und geheime Wahlen sowie die Prinzipien der staatsbürgerlichen Gleichheit und der Nichtdiskriminierung. Das bedeutet wiederum nicht, dass Staaten, die diesen Legitimitätsforderungen nicht gerecht werden, nicht als gleichberechtigte völkerrechtliche Subjekte zu behandeln wären. Aber die friedliche Koexistenz mit ihnen muss scharf von der moralischen Billigung ihrer Ordnung getrennt werden.

## 5.3.1.2 Historische Positionen

Die christliche ebenso wie die Staatslehre der Aufklärung haben den Staat von der unmittelbaren Verknüpfung seines Legitimitätsanspruchs mit der Forderung nach Gerechtigkeit entbunden. Nicht die Gerechtigkeit des Zusammenlebens, sondern „die durch gemeinsame einträchtige Schätzung der Dinge geeinte Vereinigung einer vernünftigen Menge" definiert nach dem Kirchenvater *Aurelius Augustinus* (354–430) ein Volk und damit dessen „Sache", den Staat (Augustinus, 1979, S. 509). Kant unterscheidet strikt zwischen dem Gehorsam gegen die Gesetze als Legitimitätsbasis des Staates und den Verpflichtungen der Humanität als Forderungen an das Gewissen des Menschen, die niemals durch äußerlichen Gehorsam erfüllt werden können.

Trotzdem kann keine Rede davon sein, dass der neuzeitliche Verfassungsstaat eine bloße Verfahrens- und Funktionsordnung wäre, die keinem inhaltlichen Ethos verpflichtet sei. Zwar ist der Staat also in diesem modernen Verständnis keine Gerechtigkeits-, sondern eine Friedensordnung, aber das bedeutet nur eine strategische Umgewichtung seines Selbstverständnisses, denn Gerechtigkeit ist eben der Weg zum Frieden. Selbst in der im „Leviathan" vorgelegten Staatstheorie von Thomas Hobbes (1984, S. 122) ist dieser ethische Rückbezug des Friedens auf die Gerechtigkeit explizit gegeben:

„Und folglich stimmen alle Menschen darin überein, dass der Frieden gut ist, und deshalb sind auch der Weg oder das Mittel zum Frieden, also ... Gerechtigkeit, Dankbarkeit, Bescheidenheit, Billigkeit, Mitleid und die anderen natürlichen Gesetze gut, das heißt sittliche Tugenden, und ihr Gegenteil, die Laster, böse."

Die Verankerung des Staates in der persönlichen sittlichen Qualität seiner Herrscher wie seiner Bürger ist im modernen Staatsverständnis weiter anwesend und bedeutet durchaus eine Anknüpfung an die antike Lebensethik. Mit der Verpflichtung des Staates auf die Würde und das Recht des Menschen ist deshalb eine ethische Neutralisierung prinzipiell unvereinbar. Der Gehorsam gegen die staatliche Friedensordnung entbindet nicht von der moralischen Verpflichtung zum politischen Kampf um die Veränderung dieser Ordnung im Sinne der Überwindung von Menschenrechtsverletzungen.

Der neuzeitliche Grundgedanke der Legitimation von Herrschaft durch ihre Kontrolle bedingt die Prinzipien von Repräsentation und Gewaltenteilung, die auch bei Hobbes bereits wirksam sind, wenn er eindeutig zwischen der abstrakten „Maschinerie" des Staates und der Person derer unterscheidet, die innerhalb dieser Maschinerie ein Amt ausüben:

„Die Sicherheit des Volkes verlangt ... von demjenigen oder denjenigen, die die souveräne Gewalt innehaben, dass alle Schichten des Volkes gleichermaßen gerecht behandelt werden ... Denn darin besteht die Billigkeit, der ein Souverän ebenso unterworfen ist wie einer der Geringsten aus seinem Volk, da sie eine Vorschrift des natürlichen Gesetzes ist." (Hobbes 1984, S. 262)

Hobbes ist mit seinem zutiefst paradoxen, in seiner Subtilität von keinem folgenden Denker mehr erreichten Legitimationsmodell der philosophische Vater des modernen Rechtsstaats geworden.[19] Der Begriff des „natürlichen Gesetzes", also die Wiederaufnahme der klassischen *lex naturalis,* spielt in diesem Modell eine entscheidende Rolle. Im Gegensatz zur antiken Vorstellung bestreitet Hobbes, dass der Mensch von Natur aus den Staat bilde. Dieser beruht vielmehr auf einer freien Willensentscheidung der Rechtsgenossen, die das gesellschaftliche Gewaltmonopol auf einen abstrakt-fiktiven

---

19 Vgl. dazu Schweidler, W. *Der gute Staat,* Kapitel 6 und 7.

Souverän (den „Leviathan") übertragen haben, der freilich allein in seinen konkret-personalen Repräsentanten („denjenigen, die die souveräne Gewalt innehaben") wirklich wird. Es kann keine Rede davon sein, dass Hobbes die staatliche Gesetzgebung der Willkür und Omnipotenz dieser Repräsentanten ausgeliefert habe, im Gegenteil:

„Ein gutes Gesetz muß zum Wohl des Volkes nötig und zudem eindeutig sein" (Hobbes 1984, S. 264) so liest man bei ihm; und: „Man kann ein Gesetz für gut halten, wenn es dem Souverän nützt, wenngleich es für das Volk nicht notwendig ist. Dies ist aber nicht richtig. Denn das Wohl des Souveräns und des Volkes können nicht voneinander getrennt werden". (Hobbes 1984, S. 265).

Jene „natürlichen Gesetze", die Hobbes als *dictamina rationis* begreift, die den Menschen friedfertig machen, die aber eben keine Gesetze sind, solange sie nicht in Form der erlassenen Rechtsregeln im Staat durchgesetzt werden, sind die „guten Gesetze", das heißt diejenigen, in denen der Bürger den Grund seiner freien Entscheidung wiederfindet, aufgrund welcher er in diesen Staat eingetreten ist. Der Staat, der die Orientierung an diesem ihm zugrundeliegenden freien Willen seiner Bürger ignoriert, wird – das ist die eigentliche Pointe der Hobbes'schen Rechtstheorie – nicht erhalten bleiben. Man könnte geradezu sagen, dass in ihr der Gedanke, den wir an den Anfang dieser Einführung in die „Angewandte Ethik" gestellt haben, zum politischen Prinzip geworden ist: Wer politisches Handeln auf ethischer Basis zu beurteilen beansprucht, muss sich in die Verantwortung versetzen, mit welcher der Repräsentant der staatlichen Souveränität sich in die Perspektive derer versetzt sieht, deren freier Willensentscheidung er seinen Auftrag verdankt.

### 5.3.1.3 Der Republikanismus

Mit der Überwindung des auf die Person des Herrschers bezogenen Legitimationsvorstellung der Vormoderne ist auch jeder Machtanspruch nicht genuin politischer, also etwa priesterlicher oder adeliger Provenienz, obsolet geworden. Es gibt nur eine Quelle, der im Zeichen der neuzeitlichen Staatsidee der Regierende die ethische Legitimation seines Handelns verdankt: den Auftrag, den ihm dazu die von ihm Regierten erteilt haben. Kant hat dieses Prinzip in seiner Schrift „Zum ewigen Frieden" von 1797 mit dem Grundbegriff des Republikanismus bezeichnet (Kant 1983 [1797]). Dieser stellt die Antithese zum „Despotismus" dar, für den es charakteristisch ist, dass die Herrschenden sich als Angehörige eines „Lagers" oder einer „Klasse" betrachten, die sich das Recht nimmt, aus eigener exklusiver Einsichtsfähigkeit heraus den „uneinsichtigen" Regierten die Ordnung ihres Zusammenlebens aufzuzwingen.

Dieser Begriff ist, in seiner politischen Tiefenschärfe verstanden, von größter ethischer Relevanz. Er bezeichnet das, was auch jeder demokratischen Organisation politischer Willensbildung noch als Maß vorauszusetzen ist. Es gehört zur Demokratie die Gefahr der Bildung einer *classe politique,* die den Volkswillen zwar mit Alternativen konfrontiert, zwischen denen eine Entscheidung möglich ist, die sich selbst aber so generiert, dass sie sich gegenüber den ihr insofern hilflos gegenüberstehenden Bürgern als „alternativloses" Reservoir der zur Verfügung stehenden Wahlmöglichkeiten zementiert. Die demokratische Wahl wird dann von der für den Republikanismus entscheidenden Dimension der Erteilung des Regierungsauftrags abgekoppelt. Der Bürger kann gewissermaßen noch zwischen den verschiedenen Gerichten auf der Speisekarte und womöglich zwischen den Kellnern wählen, aber den Koch und seine Truppe wird er nicht mehr los. Die Gefahr der Demokratie besteht letztlich immer darin, dass sie den Grund der Ordnung, die auf Abstimmung und Mehrheit beruht, mit dem Verfahren verwechselt, in dem Abstimmung und Mehrheit organisiert werden. Die Demokratie muss aber fähig sein, sich der geistigen Auseinandersetzung mit ihren Alternativen zustellen, und die Bestätigung, die sie dafür nur vom demokratischen Bürger zu erlangen vermag, kann nicht auf „anreizgesteuerter" Konsenserschleichung beruhen; sonst wird auch die Demokratie zum Gegenprinzip des Republikanismus, also zur Despotie der herrschenden Klasse.

Eine Steigerung solch tendenziellen Despotismus stellt sich dort ein, wo die regierende Klasse den republikanischen Auftrag, der ihre Herrschaft allein zu legitimieren vermag, nicht nur durch ihre Generierungs- und Ausschließungsmechanismen in für ihre Selbsterhaltung günstiger Weise zu kanalisieren versucht, sondern wo sie sich ihm dezidiert zu entziehen unternimmt, indem sie die Souveränität des Volkes, dem sie ihn verdankt, in signifikantem Maße relativiert und zur Disposition von nicht republikanisch legitimierten Verwaltungs- oder sogar Regierungsinstitutionen stellt. Jede auf supranationale Integration politischer Verantwortungsstrukturen gerichtete Selbstbegrenzung des republikanischen Regierungsauftrags bedarf der ausdrücklichen Ermächtigung durch das diesen erteilende Volk, deren Maß wiederum die Rechte der zu ihm gehörigen Individuen sind, die durch keine Art von ideologischen Konstrukten („Werte", „Staatsziele", „globale Nöte" etc.) ethisch relativiert werden können. Niemals kann eine Regierung in republikanisch legitimierter Weise den Umfang und die Zusammensetzung der Bevölkerung signifikant verändern, der sie ihren politischen Auftrag verdankt, ohne die ausdrückliche und mit der institutionellen Neuerteilung dieses Auftrags einhergehende Ermächtigung dafür von den Regierten einzuholen.

## 5.3.2 Recht und Hilfe

Gerechtigkeit setzt legitime gesetzliche Ordnung voraus, erschöpft sich aber nicht in ihr. Wenn das Recht des Menschen wesentlich darin besteht, auf seine unvergleichliche Weise zu leben, so bedeutet dies zwar, dass man ihm die Frage nach den Maßstäben des Gelingens seines Lebens nicht abzunehmen berechtigt ist. Der Mensch hat aber das Recht, dort Hilfe zu erfahren, wo er aus eigener Kraft die natürlichen Grundlagen seines Lebens nicht aufrechtzuerhalten vermag.

### 5.3.2.1 Gewährleistung natürlicher Grundlagen

An natürlichen Grundlagen, ohne die ein selbstbestimmtes Verhältnis zu anderen Menschen nicht gewährleistet bleibt, sind vor allem zu nennen:

- Freiheit von Not: Wo aufgrund von Unglück, Krieg, Missernten oder anderen Belastungen Menschen die elementaren Lebensbedürfnisse wie Nahrung, Kleidung und Wohnung nicht mehr zu gewährleisten vermögen, ist Hilfe geboten. Menschen können gerade unter dem Aspekt ihres Lebens als ganzem nicht unwiderruflich für Fehler und schon gar nicht für Unglücksfälle haftbar gemacht werden, die eine bestimmte Phase ihres Daseins gekennzeichnet haben. Indiskutabel sind Kollektivschuld- oder -bußtheorien.
- Freiheit von entmündigender materieller Abhängigkeit: Rechtfertigen kann man sich nur gegenüber Menschen, die nicht durch ein Übermaß von materieller Abhängigkeit an ehrlicher Stellungnahme zu dem, was man tut, gehindert sind.
- Freiheit von entmündigender Angst: Ebenso können psy-

chische Abhängigkeit und insbesondere ein Übermaß an Angst die rationale Basis eines zwischenmenschlichen Verhältnisses zerstören.
- Freiheit von Unwissenheit: Voraussetzung eines selbstbestimmten Lebens und der rationalen Füllung der durch die Gewährleistung der Menschenrechte eröffneten Freiräume ist ein Grundmaß an Bildung, aufgrund dessen Menschen die Lebensformen, in denen sie sich bewegen, im Lichte möglicher Alternativen zu beurteilen lernen.
- Freiheit von sozialer Diskriminierung: Die strukturelle Benachteiligung von Menschen aufgrund von Rasse, Geschlecht, Herkunft, Weltanschauung oder ihrer geistigen oder körperlichen Behinderung steht der Aufgabe, sich vor jedem zum Menschengeschlecht gehörigen Wesen zu rechtfertigen, prinzipiell entgegen. Hier ist auch die Überbetonung körperlicher oder geistiger Leistungsfähigkeit wie auch einer bestimmten Kommunikationsattitüde zu nennen, durch die ein „dynamischer", problemlos-diesseitiger Typus von Lebensbewältigung als Normalmaß propagiert wird, dem der tatsächliche Mensch in der Vielfalt seiner Lebensphasen und der Ausgeliefertheit an seine Schwächen und Sorgen gar nicht gerecht werden kann und sollte.

### 5.3.2.2 Unterschied Rechtsanspruch/Hilfsverpflichtung

Zu beachten ist die eigentümliche Verpflichtungsart, die aus der Hilfsbedürftigkeit von Menschen für andere Personen folgt, die zur Hilfe fähig sind.

Rechtsansprüche sind ihrem Wesen nach auf die Beseitigung von Unrecht gerichtet. Wer Schaden bereitet, muss diesen dem Geschädigten ersetzen; wer eine vertragliche Verpflichtung nicht einhalten will, kann durch das Gesetz dazu gezwungen werden; wer eine Straftat begeht, wird durch die Gemeinschaft dafür zur Rechenschaft gezogen. In jedem Fall ist der Adressat des rechtlichen Anspruchs eindeutig benennbar. Es ist die Grundaufgabe einer staatlichen Ordnung, Rechtsansprüche zwischen ihren Angehörigen eindeutig zu ordnen. Vor Gericht geht es primär um nichts anderes als die Konkretisierung dieser Zuordnung. Rechtsansprüche richten sich immer auf konkrete Handlungen und letztlich, weil alles Gesetz im Kern Behebung von Störungen ist, auf die Unterlassung von Handlungen.

Im Gegensatz zum Rechtsanspruch ist man als Mensch zur Hilfe auch dort verpflichtet, wo man niemandem Unrecht getan hat. Das bedingt, dass Hilfsansprüche nicht in gleicher Weise wie die normalen rechtlichen Ansprüche einem eindeutigen Anspruchsgegner zugeordnet sind. Die Pflicht, den Armen zu helfen, legt nicht fest, welche Armen ich dabei konkret zu bedenken habe, während die Pflicht, meinen Kaufvertrag zu erfüllen, auch den Anspruchsgegner festlegt, der diese Pflicht von mir einzuklagen berechtigt ist. Daher zählt die Hilfspflicht nach Kant „zur weiten Verbindlichkeit", da sie „die Maxime der Handlungen, nicht die Handlungen selbst, gebieten kann" (Kant, Metaphysik der Sitten, Tugendlehre, A 20). Ich muss mir Hilfsbereitschaft zum moralischen Grundsatz machen, niemand kann sie aber rechtlich von mir einklagen. Zur Erfüllung meiner Pflicht, hilfsbereit zu sein, habe ich einen Spielraum, der mir bis zu einem gewissen Masse die Wahl lässt, wem gegenüber ich meine Pflicht zu konkretisieren habe. Wo sie sich auf einen konkreten Anspruchsgegner verengt (etwa das Unfallopfer, an dem ich zufällig als einziger vorbeikomme), wird sie zu einer Rechtspflicht.

Die Hilfsbereitschaft des Menschen wird in ihrem Wesen verkannt, wenn man sie nach der Art allgemeiner Rechtsverpflichtungen zu realisieren versucht. Ein Gebot für Maximen erfordert die innere Anstrengung des Gewissens und setzt den Willen des Menschen voraus, jenseits der erzwingbaren Rechtsverpflichtungen für seine Mitmenschen da zu sein. Dieser Wille lässt sich durch gesetzlichen Zwang und letztlich auch durch gesellschaftlich organisierte Versicherungsverhältnisse nicht erzeugen. Er verweist uns vielmehr auf den Aspekt der gemeinschaftlichen, aus der Nähestaffelung unserer Lebensverhältnisse hervorgehenden Verpflichtungen. Wie weit ich hilfsbedürftigen Menschen gegenüber verpflichtet bin, wird sich immer nach ganz kontingenten Bedingungen richten, letztendlich aber nach den wirtschaftlichen Möglichkeiten, die mir gegeben sind. Entscheidend kommt es hier auf die Koordination mit denen an, die in vergleichbarer Situation wie ich zur Hilfe in der Lage und insofern verpflichtet sind. Ihre Bereitschaft legt wesentlich die Grenzen meiner Möglichkeiten fest, und unterschiedliche Auffassungen über das Maß gebotener Hilfe können nach keinem rechtlichen Maß beurteilt werden. Ich kann mit „gutem Vorbild" vorangehen, aber daraus keinen Anspruch an andere ableiten. Vorsicht ist in jedem Fall vor der Beschwörung angeblicher „Solidarität" geboten, sofern damit etwas anderes als die in der Natur sozialer Beziehungen verankerte kulturelle Nähestaffelung insinuiert ist. All dies gilt völlig entsprechend auch für die kollektive Ebene: Kein Land hat das Recht, einen dem ihm angemessen erscheinenden Beitrag zur Nothilfe in den internationalen Beziehungen anderen Ländern als Maß der von ihnen zu erwartenden entsprechenden Tätigkeit aufzudrängen.

### 5.3.2.3 Die Frage der sozialen Grundrechte

Die Unterscheidung zwischen allgemeinen Rechts- und Hilfsverpflichtungen beruht auf der Einsicht, dass die sozialen und kulturellen Aspekte des Menschenrechts nicht in gleicher Weise staatlich realisiert werden können wie die bürgerlichen

Freiheitsgewährleistungen. Das Gebot, in Leben, Freiheit und Eigentum der Bürger nicht einzugreifen, ist ein negatives Abwehrgebot, das vom Staat nur den Verzicht auf Machtausübung verlangt.

Soziale Gebote hingegen wie etwa die Forderung nach der Versorgung der Menschen mit Wohnung und Arbeit wie auch mit sozialen Grundsicherungen sind etwas prinzipiell anderes, nämlich durch den Staat vermittelte und sein aktives Tun herausfordernde Ansprüche des Menschen gegen seine Mitbürger. Die Gewährung sozialer Leistungen wie etwa von Renten in einer bestimmten Höhe ist abhängig von den Leistungen der Volkswirtschaft, die der Staat zwar verteilen, aber niemals erbringen kann. Darum ist es nicht sinnvoll, die grundsätzlichen Ansprüche des Menschen auf soziale Sicherheit in Form „sozialer Grundrechte" entsprechend den Bürgerrechten verwirklichen zu wollen. Die bedeutet im Endeffekt nur, dass entweder der Staat die Rechtsverpflichtung zur Errichtung einer sozialistischen Wirtschaftsordnung übernimmt oder dass die Richter, die über die „sozialen Grundrechte" zu wachen haben, zu Ersatzgesetzgebern werden, denen die Verteilung von Leistungen erlaubt ist, die auf dem ökonomischen Sektor erwirtschaftet werden müssen.

Die einzige Sphäre, in der die sozialen und kulturellen Aspekte des Menschenrechts legitimerweise zur Geltung kommen können, ist die der politischen Auseinandersetzung um die richtige Sozialgesetzgebung im Staate. Die ethisch begründbaren Aspekte sozialer Gerechtigkeit müssen in diesem Prozess, und zwar immer unter Berücksichtigung der ökonomischen Leistungsfähigkeit der Gesellschaft im Vergleich zu ihren Konkurrenten, zur Geltung gebracht werden. Sonst werden ursprünglich ethische Kategorien zu politischen Kampfbegriffen, die nur der Wahrung oder Neuordnung von Besitzständen dienen sollen.

## 5.3.3 Die soziale Ordnung

Wenn man Gerechtigkeit in dem Streben der Person nach gelingendem Leben verankert, dann können die Prinzipien der sozialen Ordnung nicht aus einem Eigenwert der Gemeinschaft begründet werden, sondern sie ergeben sich aus der Reflexion auf die Grenzen, die der Entfaltung der Person durch ihre Gebundenheit an das Zusammenleben mit anderen Menschen gezogen sind.

### 5.3.3.1 Historische Grundlagen

Bei der Verhältnisbestimmung von Person und Gemeinschaft sind geschichtliche Erfahrungen zu berücksichtigen, die soziale Forderungen als notwendige Bedingungen einer dauerhaften Entfaltung personaler Selbstbestimmung aufgewiesen haben. Dies sind insbesondere:

- die Einsicht, dass Freiheit ihre Verwirklichung nicht rein formal durch Rechtsgewährleistung findet. Soll rechtliche Freiheit zur realen Freiheit werden können, bedarf ihr Träger eines Grundanteils an den sozialen Lebensgütern; ja dieser Anteil an den sozialen Lebensgütern ist selbst ein Teil der Freiheit, weil er notwendige Voraussetzung ihrer Realisierung ist.[20]
- die Einsicht, dass Demokratien langfristig kein zu großes Maß an sozialer Ungleichheit aushalten können, sozialer Ausgleich also ein Sicherungsinstrument des innergesellschaftlichen Friedens ist.

---

20 Vgl. E.-W. Böckenförde. 1991. *Staat, Verfassung, Demokratie. Studien zur Verfassungstheorie und zum Verfassungsrecht.* Frankfurt a. M.: Suhrkamp, S. 149 (= stw 953).

- die Einsicht in die korrumpierende Tendenz von sozial geschlossenen Verbänden: Die freie gesellschaftliche Entfaltung der Person setzt auch Durchlässigkeit und Chancengleichheit innerhalb der und zwischen den sozialen Gruppen voraus, wenn nicht krasse und den innergesellschaftlichen Frieden letztlich zerstörende Missverhältnisse zwischen Leistung und Ertrag der Individuen in ihrem Beitrag zum Ganzen eintreten sollen.

### 5.3.3.2 Soziale Grundprinzipien

Zu diesen Überlegungen treten Grundprinzipien, die sich aus der Reflexion auf die Legitimationsbedingungen menschlichen Zusammenlebens überhaupt ergeben.

**Prinzip des Gemeinwohls**
Soziale Gruppen und Verbände bilden sich, weil Menschen bestimmte Ziele durch gemeinsame Anstrengung erreichen, die sie allein nicht realisieren können. So ermöglicht die Familie die Ergänzung von Mann und Frau zu einem der gemeinsamen Lebensgestaltung und der Kindererziehung dienenden Ganzen, das gegenüber allen individuellen Lebensentwürfen völlig unvergleichbar ist. Die Arbeitsteilung ermöglicht Produktionsverhältnisse, die aufgrund der natürlichen Begrenzung unserer Fähigkeiten kein Individuum allein verwirklichen könnte. Das jeweilige Ganze muss von den an sozialen Verbänden beteiligten Personen als Grundmaßstab des Gelingens ihres Beitrags zu ihm anerkannt oder zumindest kritisch reflektiert werden. Sich zu diesem je auf seiner Ebene darzustellenden Ganzen verantwortlich zu verhalten, ist die Grundforderung, die der Begriff des Gemeinwohls enthält. So ist es etwa ethisch unverantwortlich, ein soziales Versicherungssystem, an dem man sich mit eigenen Beiträgen beteiligt,

unter dem Gesichtspunkt der Optimierung des finanziellen
Ertrags zu sehen, den man aus ihm zu ziehen vermag. Hingegen
wäre die entsprechende Betrachtungsweise gegenüber
einer Aktiengesellschaft, an der man beteiligt ist, unter normalen
Umständen nicht zu missbilligen. Dem Gemeinwohl
zu genügen bedeutet also eigentlich, sich zum Sinn sozialer
Institutionen, die man für sich selbst in Anspruch nimmt, in
ein reflektiertes Verhältnis zu setzen und sich ihm gegenüber
rechtfertigen zu können.

Nichtsdestoweniger ist festzuhalten: Das Gemeinwohl ist
nicht das Prinzip einer Höherwertung von kollektiven gegenüber
individuellen Interessen, sondern allein des Zurgeltungbringens
der Interessen *aller* zur Gemeinschaft gehörigen
Individuen. Der Begriff des „Interesses" ist hierbei freilich
wieder im Licht des objektiven Glücksbegriffs, also der Orientierung
am Unterschied zwischen gelingendem und mißlingendem
Leben zu sehen, das heißt niemand kann dem anderen
diktieren, worin der Sinn seines Lebens besteht, aber
von jedem ist ein Mindestmaß von Respekt und Verständnis
für die Notwendigkeit zu erwarten, nach einem solchen Sinn
des eigenen Lebens zu suchen und sich an ihm zu orientieren.
Dieses Begriffsgefüge wird bis heute am präzisesten durch die
Definition gefasst, welche die Katholische Kirche dem *bonum
commune* lehramtlich gegeben hat, nämlich als

„die Gesamtheit jener Bedingungen des gesellschaftlichen Lebens,
die sowohl den Gruppen als auch deren einzelnen Gliedern ein volleres
und leichteres Erreichen der eigenen Vollendung ermöglichen."
(Vaticanum II, Gaudium et spes 26.)

### Subsidiaritätsprinzip

Soziale Ordnung ist kein Selbstzweck, sondern sie ist aus dem
interpersonalen Aspekt des Menschseins heraus begründet.
Das hat Konsequenzen für die hierarchische Staffelung ge-

sellschaftlicher Ganzheiten: Die Einrichtung einer übergeordneten bzw. komplexeren Institution ist nur gerechtfertigt, wenn die weniger komplexen Institutionen eine bestimmte sachliche Aufgabe nicht ausreichend zu bewältigen vermögen. So hat der Staat legitimerweise die Zuständigkeit für Rechtsschutz und Friedenssicherung, nicht aber für die Kindererziehung oder die Organisation der Arbeit im Betrieb. Insbesondere komme den Gemeinden in einem Staat das Recht zu, ihre Angelegenheiten jenseits unabdingbarer Forderungen der Daseinsfürsorge und -vorsorge in einer technisierten Gesellschaft eigenverantwortlich zu regeln, also finanzielle Selbstverwaltung und eine Beteiligung am Steueraufkommen zu erhalten.

**Prinzip der Solidarität**
Dieses Prinzip sollte nicht in erster Linie als abstrakte Forderung an den einzelnen, sondern als Gestaltungsauftrag an Staat und Gesellschaft aufgefasst werden. Dieser Gestaltungsauftrag ist darauf gerichtet, die überkommenen, aber auch die durch Schärfung unseres sozialen Bewusstseins neu erkannten Näheverhältnisse innerhalb der Gesellschaft zu bewahren und sie nicht zur Disposition allgemeiner Verrechtlichung zu stellen. Niemand ist solidarisch mit anderen Menschen, weil er „Solidarität" abstrakt als Wert empfindet; sondern man solidarisiert sich mit anderen Menschen, weil man sich als zu ihnen gehörig oder zur Hilfe für sie aufgerufen empfindet, das heißt, weil man sich ihnen auf spezifische Weise nahe fühlt. Die Nähestaffelung innerhalb einer Gesellschaft ist aber eine eigene Größe, die auf den Aspekt der Gemeinschaftlichkeit verweist. Auf der gesellschaftlichen Ebene ist abgrenzend hervorzuheben, dass man die für alle Solidarität grundlegenden zwischenmenschlichen Näheverhältnisse eher gefährdet, wenn man zuviel mit der abstrakten Forderung nach Solidarität und Mechanismen der „Zwangssolidarität" arbeitet, das

heißt, wenn man gesetzliche Verpflichtungen, die den Bürgern auferlegt werden, mit dem seiner Natur nach gerade nicht auf gesetzlichem Zwang beruhenden Anspruch der Solidarität benennt und zu legitimieren versucht.

### 5.3.4 Aspekte internationaler Ordnung

Die ethische Grundforderung an die Gestaltung der internationalen Beziehungen besteht in der Erhaltung bzw. Wiederherstellung einer Friedensordnung. Die wohl wichtigste Voraussetzung dafür hat *Kant* in der Schrift „Zum ewigen Frieden" als eine innenpolitische benannt, nämlich die Etablierung „republikanischer", d.h. wesentlich demokratischer und rechtsstaatlicher Regierungssysteme (vgl. oben 4.3.1.3). Insofern ist das Eintreten für die weltweite Durchsetzung menschenrechtlich legitimierter Regierungen kein ideologisch fundierter Missionsdrang, sondern eine aus dem Friedensgebot in Verbindung mit geschichtlicher Einsicht erwachsene ethische Aufgabe der Außenpolitik demokratischer Rechtsstaaten.

**Literaturhinweis**
I. Kant, Zum ewigen Frieden. Ein philosophischer Entwurf. In: *I. Kant. Werke in zehn Bänden.* Sonderausgabe 1983, Bd. 9. Schriften zur Anthropologie, Geschichtsphilosophie, Politik und Pädagogik. Erster Teil. Hg. von W. Weischedel. Darmstadt (Wissenschaftliche Buchgesellschaft) 1983, S. 195–251.

#### 5.3.4.1 Menschenrechte als Grundlage

Der Einwand, das Eintreten für die Menschenrechte und für das Prinzip, wonach Regierungen ihre Legitimität aus der Zustimmung der Regierten erhalten, sei „kulturimperialistisch", ist nicht zu halten. Die Menschenrechte transportieren nicht ein „westliches" Modell der Gesellschaftsordnung, sondern sie eröffnen einen Freiraum, innerhalb dessen es menschlichen Personen erst möglich wird, sich zu der Frage der Gesellschaftsordnung, in der sie leben möchten, zu äußern.

Die Grundforderung für die Einrichtung einer demokratisch-rechtsstaatlichen Ordnung in jeder Kultur ist, dass die Menschen über ihre Ordnung selbst und eigenverantwortlich entscheiden sollen. Gewiss haben wir nicht das Recht, anderen Menschen unsere Lebensformen aufzuzwingen, aber wir haben das Recht, von ihnen und nicht von für sie sprechenden politischen Machthabern zu hören, in welchen Formen sie leben wollen.

Der Gedanke ist zurückzuweisen, wonach die Verwirklichung der bürgerlichen und sozialen Grundgewährleistungen durch ein eigenes „Recht auf Entwicklung" relativiert werden könnte. Es ist nicht einzusehen, weshalb die Forderung eines Landes, im internationalen Wettbewerb als gleichberechtigter Partner fair behandelt zu werden und sich gemäß seinen eigenen kulturellen und geschichtlichen Voraussetzungen entwickeln zu können, in Widerspruch mit der Forderung stehen müsste, dass die Menschen in diesem Land ihre Regierung wählen und ihre Meinung frei sagen können. Gerade der Entkolonialisierungsprozess, der den meisten Ländern der Erde erst ein Mindestmaß an Entwicklungschancen eröffnet hat, ist im Namen der Rechte der Person und auch des Selbstbestimmungsrechts der Völker geführt worden.

### 5.3.4.2 Berechtigung des Krieges

Der Krieg zur Verteidigung des eigenen Landes bzw. als Hilfeleistung Verbündeter für ein angegriffenes Land ist ethisch gerechtfertigt, wo die Bemühung um die Erhaltung des Friedens versagt. Der Angriffskrieg ist verboten; seine Rechtfertigung durch eine formelle Kriegserklärung und die Interessen eines Landes gilt heute nicht mehr – im Gegensatz zu dem lat. formulierten Grundverhältnis des *„ius ad bellum"* (dt. Recht auf Krieg), das bis in die Mitte des zwanzigsten Jahrhunderts herrschte. Dennoch haben die klassischen Kriterien für einen ethisch zu rechtfertigenden Kriegseintritt weiterhin Gültigkeit:

- Der Krieg muss von einer staatlichen Autorität verantwortet und geführt werden.
- Alle Mittel zur friedlichen Konfliktbeilegung müssen erschöpft sein; die Verhältnismäßigkeit der Mittel, insbesondere von Abwehr und Angriff, muss gewährleistet sein.
- Es muss eine begründete Siegchance bestehen.
- Die internationalen Konventionen zum Schutz der Zivilbevölkerung und der an Kampfhandlungen beteiligten Personen müssen befolgt werden.

Die Gefahr der massenhaften Ausrottung von Bevölkerungen oder der ganzen Menschheit, die durch die Entwicklung der Waffentechnik entstanden ist, setzt den Entschluss zur Kriegführung einer gesteigerten Verantwortung aus. Trotzdem folgt aus ihr nicht die Ungerechtigkeit des Verteidigungskrieges. Die Verantwortung für den Einsatz von Massenvernichtungswaffen ist mit der Verantwortung für die Drohung mit diesem Einsatz nicht gleichzusetzen; sie wird umgekehrt gerade durch die Möglichkeit dieser Drohung erst erträglich. Die Drohung mit dem Einsatz von Massenvernichtungswaffen kann ethisch nur durch das Ziel gerechtfertigt sein, Ungewissheit zu erzeugen, die einen möglichen Aggressor vom Einsatz solcher Waffen abhält. Auf die Erörterung der Frage, ob im Versagensfall der Drohung der tatsächliche Einsatz der

Vernichtungswaffen ethisch auch nur erlaubt sei, sollte verzichtet werden.

## 5.4 Menschliche Gemeinschaft

Die Unterscheidung zwischen Gesellschaft und Gemeinschaft ist nicht unbedenklich, wenn man sie aus einem Gegensatz zwischen „zweckrationaler" Interessenkoordination und „irrationalen" oder rein gesinnungsmäßigen Faktoren versteht. Der Begriff Gemeinschaft drückt allerdings etwas aus, das sich mit rationalen Kalkülen nicht einholen lässt, sondern sich der geschichtlichen Formung und unableitbaren Lebensentscheidungen verdankt.

Nicht im Widerspruch zu einem rationalen und kritischen Verhältnis zur eigenen Gesellschaft steht ein Verständnis von Gemeinschaft, das die nicht zweckrationale Zufälligkeit und Unableitbarkeit der Bindung des Einzelnen an sie bezeichnet. Als endliche Wesen werden die Menschen in einen bestimmten, konkreten Umkreis des Lebens „geworfen" *(Heidegger)*, und ihre Aufgabe besteht darin, sich mit der gesetzten Begrenzung auseinanderzusetzen und sie in das Ganze ihres Lebens zu integrieren.

### 5.4.1 Der Sinn des Patriotismus

Die Liebe zum eigenen Land ist ethisch in keiner Weise angreifbar, solange sie nicht mit einer Abwertung der entsprechenden Liebe anderer Menschen zu deren Land einhergeht. Das Zusammenleben von Menschen in einer Gesellschaft kann offenbar nicht allein auf dem Bewusstsein gegründet werden, dass man „einer" Gesellschaft angehören müsse, sondern es bedarf auch einer Bindung an dasjenige, was nur und gerade „diese" Gesellschaft, was also mein Land und mein Volk zu dem macht, was sie sind.

Wo der Wille der Menschen, als Gemeinschaft zusammenzuleben, endet, dort entfallen die Voraussetzungen einer funktionierenden Rechts- und Gesellschaftsordnung. Alle rechtlichen und machtbegrenzenden Mechanismen auf der Erde sich durch das Bewusstsein von Menschen gehalten, als Gemeinschaft zusammenzugehören. Ein alle nationalen Unterschiede überwindender Weltstaat ist keinesfalls in Sicht, und es ist sehr fraglich, ob er wünschenswert wäre. Immerhin wäre dies ein Staat, aus dem niemand mehr heraus könnte.

Wegen seiner Verankerung in der menschlichen Endlichkeit kann ethisch akzeptabler Patriotismus keinesfalls erzeugt, sondern nur als gewachsene und vorhandene Einstellung der Menschen respektiert werden. Man muss seinen Patriotismus nicht aus irgendeiner Art von Bewunderung für das Unvergleichliche der Geschichte des eigenen Landes gewinnen; man kann ihn etwa aus dem Beitrag schöpfen, den das eigene Land zur Verbreitung humaner Errungenschaften wie Freiheit und Gerechtigkeit geleistet hat. Auch das Bekenntnis zu verwerflichen Aspekten der eigenen Geschichte und zur Notwendigkeit der kritischen Auseinandersetzung mit ihr gehört zum Patriotismus. Die Verleugnung der Zugehörigkeit zum eigenen Land und der Verantwortung für seinen Platz in der Welt steht ethisch nicht höher als die Verleugnung der eigenen Familie oder Kirche. Der Unterschied ist freilich, dass man sein Land und seine Kirche wechseln kann. Der Übergang von einem Land in ein anderes ist selbstverständlich keine Verleugnung, sondern bedeutet das Eingehen einer neuen Identität.

## 5.4.2 Die Verantwortung zwischen den Generationen

Die Hervorhebung des Aspekts der Gemeinschaft und damit die Bedeutung der Nähe ist unvermeidlich, wenn man Verpflichtungen des Menschen über den Bereich der jetzt lebenden Generationen hinaus begründen will. Schon die elementarste Belastung künftiger Generationen, nämlich die überbordende Staatsverschuldung, ist ein von einer bestimmten politischen Gemeinsacht zu verantwortender Akt. Den Künftigen kann sich ein Mensch nur nahe fühlen, weil er sich schon unter den Jetzigen ganz Bestimmter näher fühlt als anderen.

Die Liebe unserer Eltern zu uns, die Rücksichtnahme anderer Gesellschaftsmitglieder auf uns, die Bindung an unsere Heimat sind Gesichtspunkte, die uns „Ansprüche" künftiger Menschen an uns als Verpflichtungen erhellen, die man nicht als Rechtspositionen, wohl aber als Verhaltensweisen begreifen kann, in die ein natürlich wachsendes Vertrauen für uns und die nachfolgenden Generationen berechtigt ist.

Der Näheaspekt dürfte selbst noch für den Umgang mit dem Problem des Weltbevölkerungswachstums von zentraler Bedeutung sein. Der Wille, Kinder zu haben, ist durch den abstrakten Gedanken an die künftige Menschheit kaum zu balancieren. Wo staatliche Gewalt diesen Willen mit Zwangsmechanismen bricht, werden Menschenrechte elementar verletzt. Als möglicher Begrenzungshorizont der Neigung zu eigenen Kindern bleibt wohl am ehesten die Sorge von Menschen, wie es diesen Kindern und deren Nachkommen angesichts einer von Bevölkerungswachstum und Ressourcenknappheit getragenen Lage ihrer Gemeinschaft zukünftig gehen werde.

## Literaturhinweis
Birnbacher, Dieter (Hrsg.). 1980. *Ökologie und Ethik. 7 Aufsätze*. Stuttgart: Reclam (= UB 9983).
Sutor, Bernhard. 1991. *Politische Ethik. Gesamtdarstellung auf der Basis der Christlichen Gesellschaftslehre*. Paderborn: Schöningh.

## Verwendete Literatur
Aristoteles. 1996. *Politik*. Übersetzt und hg. von O. Gigon. München (Deutscher Taschenbuch Verlag) 7. Aufl 1996, 118 (= dtv 2136)

Augustinus. *Der Gottesstaat/De civitate Dei*. Zweiter Band. Hrsg. von C. J. Perl. Paderborn: Schöningh. 1979.

Böckenförde, Ernst W. 1991. *Staat, Verfassung, Demokratie. Studien zur Verfassungstheorie und zum Verfassungsrecht*. Frankfurt a. M.: Suhrkamp (= stw 953).

Frankfurt, Harry G. 1993. Willensfreiheit und der Begriff der Person. In *Analytische Philosophie des Geistes,* 2. verb. Auflage, Hrsg. P. Bieri, S. 287–302. Bodenheim (Athenäum/Hain/Hanstein).

Hegel, Gottfried Wilhelm Friedrich. 1986. Grundlinien der Philosophie des Rechts. In: *G. W. F. Hegel, Werke in 20 Bänden*. Bd. 7. Frankfurt a. M.: Suhrkamp (= stw 607).

Kant, Immanuel. 1983 [1797]. Zum ewigen Frieden. Ein philosophischer Entwurf. In: *I. Kant, Werke in zehn Bänden*. Sonderausgabe, Bd. 9. Schriften zur Anthropologie, Geschichtsphilosophie, Politik und Pädagogik. Erster Teil. Hrsg. von W. Weischedel. Darmstadt: Wissenschaftliche Buchgesellschaft.

Kant, Immanuel. 1983. Die Metaphysik der Sitten. In: *I. Kant, Werke in zehn Bänden*. Sonderausgabe, Bd. 7. Schriften zur Ethik und Religionsphilosophie. Zweiter Teil. Hg. von W. Weischedel. Darmstadt (Wissenschaftliche Buchgesellschaft).

Kaufmann, Arthur. 1991. Die Naturrechtsdiskussion in der Rechts- und Staatsphilosophie der Nachkriegszeit In *Aus Politik und Zeitgeschichte. Beilage zur Wochenzeitung Das Parlament*, B 33, S. 3–17.

Platon. 1988. Der Staat. In *Platon, Sämtliche Dialoge*. Bd. V. In Verbindung mit K. Hildebrandt, C. Ritter und G.Schnei der hrsg. und mit Einl., Literaturübersichten, Anmerkungen und Registern versehen von O. Apelt. Hamburg (Meiner).

Radbruch, Gustav. 1973. Gesetzliches Unrecht und übergesetzliches Recht. In G. Radbruch, *Rechtsphilosophie*, 8. Aufl. Hrsg. E. Wolf u. H. P. Schneider. Stuttgart: Köhler.

Th. Hobbes, Leviathan oder Stoff, *Form und Gewalt eines kirchlichen und bürgerlichen Staates*. Hg. und eingel. von I. Fetscher, Frankfurt a. M. (Suhrkamp) 1984 (= stw 462).

Vatikanum II, *Pastoralkonstitution Gaudium et spes,* Abschnitt 26.

Schweidler, Walter (Hrsg.). 2014. *Zeichen – Person – Gabe. Metonymie als philosophisches Prinzip.* Freiburg/München: Karl Alber.

# 6 Wirtschaft und die Frage der Moral

Ökonomische Mechanismen spielen für die ethische Fragestellung der verschiedensten Handlungsfelder eine wesentliche Rolle. Die modernen Entwicklungen wie Naturzerstörung, ethisch bedenkliche Forschung, Gentechnologie usw., deren ethische Problematik bereits in den vorherigen Kapiteln diskutiert wurde, verweisen auf die ökonomischen Mechanismen, die in die einzelnen Handlungsfelder hineinspielen. Insofern kommt der Besinnung auf die ethische Basis des Wirtschaftens eine weitreichende Bedeutung zu, die in diesem 6. Kap. eigens umrissen werden soll. Auch hier können wir natürlich die Palette der wesentlichen Fragestellungen, etwa der Unternehmensethik und des internationalen Wirtschaftssystems, nicht abdecken, sondern konzentrieren uns auf die Bezüge der Ökonomie zum von uns in den Mittelpunkt der angewandten Ethik gestellten Begriff der Gerechtigkeit.

Im ersten Abschnitt wird die indirekte Bedeutung der Ethik herausgestellt, für die das menschliche Leben nicht nur in der Möglichkeit ökonomischer *Lebensverbesserung* besteht (6.1).

Der zweite Abschnitt erörtert die *Tauschgerechtigkeit* als Grundlage des ökonomischen Geschehens und wendet sich gegen mögliche Fehlformen (6.2).

Im Mittelpunkt des dritten Abschnitts stehen die Fragen der *Preisgerechtigkeit,* die auch im weiteren Zusammenhang ihrer sozialen Bedeutung zum Thema werden (6.3).

Der vierte Abschnitt legt, ausgehend vom Stellenwert der Arbeit, für den Menschen die Grundprinzipien der *Lohngerechtigkeit* dar (6.4).

Mit dem fünften Abschnitt wird abschließend der Veränderung der *Unternehmensstruktur* Rechnung getragen und das ethische Profil eines modernen Wirtschaftsmanagers vorgestellt (6.5).

## 6.1 Der Zusammenhang von Wirtschaft und Ethik

Wir begegnen zunächst einmal auf diesem Feld einem Analogon zum Verhältnis von Ethik und Wissenschaft. Auch die moderne Ökonomie ist immer wieder mit dem Anspruch aufgetreten, ethische Problemstellungen überflüssig zu machen. Mit Blick auf die jüngeren Entwicklungen dieser Disziplin mag das nicht zuletzt an einem Umkehrprozess liegen, wonach es den Autoren nicht mehr darum geht, „[...] wirtschaftliches Handeln durch ethische Prinzipien von außen zu beschränken, sondern aus dem angemessenen Verständnis ökonomischer Interaktionen Schlussfolgerungen über eine zeitgemäße Ethik zu ziehen" (Heidenreich, S. 15). Die Ökonomik wird letztlich nicht als Gegensatz zur Ethik verstanden, sondern als Fortsetzung eben dieser mit besseren Mitteln (Homann und Lütge, S. 22). Somit werden die „Selbstregulierungskräfte des Marktes" als der einzig objektive Gradmesser dessen behauptet, was des Menschen Lebensleistung im Verhältnis zu der seiner Mitmenschen wert sein kann. Auf dem Gebiet der Politik wird seit der Aufklärung im modernen Sozial- und Wohlfahrtsstaat eine ökonomisch orientierte Strategie verfolgt, die darauf hinausläuft, Gerechtigkeitskonflikte dadurch zu entschärfen, dass nicht über die richtige Verteilung der Güter diskutiert, sondern alle Kraft auf die Steigerung des Verteilbaren verwendet wurde, um die Menschen dann auf der Basis ihres Beitrags zu dieser Steigerung zu entlohnen. Mit der Einsicht in die Grenzen des ökonomischen Wachstums ist die Untrennbarkeit ökonomischer und ethischer Kategorien neu bewusst geworden.

### 6.1.1 Begriff der Lebensverbesserung

In ihrem Ursprung hat die ökonomische Theorie die Untrennbarkeit von Wirtschaft und Ethik durchaus erkannt. Mit den Denkfiguren des „unsichtbaren Beobachters" und der „unsichtbaren Hand" hat der schottische Philosoph *Adam Smith* (1723-1790) auf seiner psychologisch fundierten Ethik die nationalökonomische Theorie entwickelt. Dahinter steht die Grundidee, dass das individuelle, ganz egoistisch motivierte menschliche Streben nach Lebensverbesserung sich arbeitsteilig über den Preis der produzierten Güter und erbrachten Dienstleistungen koordinieren lässt, um so das gemeinsame Wohlergehen der Menschen zu befördern. Dass diese Logik ihre Grenzen hat, an denen der Staat eingreifen muss, um sie vor ihrer Selbstzerstörung zu schützen, ist von Smith gleichfalls hervorgehoben worden.

„Lebensverbesserung" ist primär keine ethische Kategorie, denn die Frage, ob das, was wir als Verbesserung unseres Lebens einschätzen, also für „gut" halten, auch wirklich gut sei, wird auf der ökonomischen Ebene nicht gestellt. Insoweit der Mensch sein eigenes Streben im Vergleich mit demjenigen bestimmen kann, wonach die anderen Gesellschaftsmitglieder streben, bedingt der Mechanismus von Arbeit und Preis ein System der Verständigung über menschliche Interessen und

Wertschätzungen. In der Ökonomie hat sich im neunzehnten Jahrhundert als wissenschaftlich präzisierbares Grundmodell dieses Systems der Utilitarismus durchgesetzt, und auf dem ökonomischen Feld hat er auch seine Berechtigung und Plausibilität. Wo der Mensch nicht nach dem sittlich Guten, sondern nach der Steigerung seines Nutzens fragt, dort ist das entsprechende Streben der mit ihm im Marktsystem verbundenen Partner, Abnehmer und Konkurrenten die letztlich maßgebende Bewertungsgröße. Im Handlungsfeld der Ökonomie ist alles abwägbar, und die ethische Reflexion beginnt dort, wo wir uns im Umkehrschluss daran erinnern müssen, dass das Unabwägbare eben nicht der bloßen ökonomischen Logik unterworfen werden darf.

Aus den utilitaristischen Grundannahmen einer auf der „subjektiven Preistheorie" (vgl. unten 6.3.2) basierenden Markttheorie resultiert die vieldiskutierte Denkfigur des *homo oeconomicus,* des „rationalen Nutzenmaximierers", der sich über seine Präferenzen (jenseits allen Fragens danach, warum er sie präferiert) vollständig im Klaren und, abgesehen von eigens zu thematisierenden Randbedingungen (die unser genuines Interesse auf den Plan rufen, vgl. unten 6.1.2) allein an ihrer optimalen Realisierung interessiert ist. „Angewandte Ethik" ist nicht der Ort, an dem die philosophischen (Un-)Tiefen dieses Konzepts ausgeleuchtet werden können, sondern sie hat es als die für das ökonomische Handlungsfeld konstitutive theoretische Voraussetzung hinzunehmen und im Kern die Grenzen abzustecken, an denen sie sich, durchaus im Einklang mit den genuin ökonomischen Denkfiguren wie Grenznutzen und -kosten, Marktgleichgewicht, Güterknappheit, optimale Ressourcenallokation etc., als Explikation spezifisch ethischer Funktions- und Legitimationsbedingungen des ökonomischen Systems ins Spiel zu bringen hat.

## 6.1.2 Funktion der Ethik für die Wirtschaft

Die Hauptfunktion der Ethik im ökonomischen Zusammenhang ergibt sich nicht aus ethischen Defiziten der Markttheorie als solcher, sondern aus dem fehlenden Wirklichkeitsbezug der ökonomischen Grundmodelle. Der normale Wirtschaftsteilnehmer erstrebt nicht das allgemeine Gleichgewicht, aufgrund dessen die natürlichen Ressourcen optimal ausgenützt und Waren zum günstigsten Preis bei Bedingungen vollständiger Konkurrenz hergestellt werden. Der normale Wirtschaftsteilnehmer erstrebt einen Sondervorteil, etwa aus dem speziellen Wissen oder einem sonstigen Vorsprung, den er gegenüber anderen Marktteilnehmern hat. Wenn dieses an der ökonomischen Theorie nicht mehr messbare Randverhalten nicht bestimmte Grundbedingungen der Fairness und der langfristigen Beurteilung der Bedingungen des Zusammenlebens befolgt, führt es zur Außerkraftsetzung der Funktionsbedingungen des Marktes. Ethik kann Marktversagen ausgleichen und selbst gewissermaßen ein ökonomischer Nutzenfaktor sein. Wer sich im Sinne ethischer Gerechtigkeitsprinzipien verhält, trägt insofern, ob bewusst oder nicht, zur Erhaltung der Funktionsvoraussetzungen ökonomischer Lebensverbesserung bei.

Nur wenn man diesen indirekten Nutzenzusammenhang festhält, wird man ethische Gesichtspunkte in der Ökonomie zur Geltung bringen und den Gegensatz zwischen beiden vermeiden können. Die elementarsten ethischen Beurteilungsprinzipien des Verhaltens von Marktteilnehmern sind deshalb primär zugleich Funktionsprinzipien des Marktes. In dem so umrissenen intentionalen Zusammenhang von Ökonomie und Ethik kommt dem Begriff der Gerechtigkeit eine zentrale Orientierungsfunktion zu.

## 6.2 Tauschgerechtigkeit

### 6.2.1 Arbeitsteilung und Tausch

Das Gesetz vom „komparativen Kostenvorteil", wonach der Handel zwischen zwei Partnern selbst dann für beide von Vorteil ist, wenn der eine alle an diesem Handel beteiligten Waren günstiger produzieren könnte als der andere, drückt die Grundeinsicht in den Wert der Arbeitsteilung aus, die dem Markt seinen Sinn gibt. Jeder Mensch ist durch das, was er gegen Leistungen des anderen einzutauschen vermag, für diesen indirekt nützlich. Tausch setzt die Herstellung oder die Durchführung des zu Tauschenden und damit einen Prozess der individuellen Anstrengung voraus. Diese Anstrengung wird er Mensch nur auf sich nehmen, wenn er wirklich davon ausgehen kann, dass Tausch stattfindet, dass also die Bedingungen, unter denen er arbeitet, auch die sein werden, die er schließlich vorfindet, wenn er das Erarbeitete tauschen kann. Diese Erwartung begründet die Forderung der Tauschgerechtigkeit.

### 6.2.2 Verstöße gegen Tauschgerechtigkeit

Tauschgerechtigkeit ist dann gegeben, wenn die Marktteilnehmer Grundbedingungen der Ehrlichkeit und der Freiheit von Zwängen einhalten. Typische Verstöße gegen Tauschgerechtigkeit liegen vor bei:

- Wucher (Ausnützung der Zwangslage des Tauschpartners)
- Hochstapelei (Ausnützung der Unwissenheit bzw. Unerfahrenheit des Tauschpartners)
- Bereitstellung von Scheingütern (Güter, die für den Partner gar nicht von realem Interesse sind, für die aber manipulativ Interesse geschaffen wird)

Auch das Vertrauen in den Geldwert gehört zur Tauschgerechtigkeit und ist von dieser her eine ethisch fundierte Forderung des Marktteilnehmers an Staat und Gesellschaft.

Im Grunde entspringt das Prinzip der Tauschgerechtigkeit unmittelbar der Logik der Arbeitsteilung. Es ist leicht einsehbar, dass die Stabilität des Marktes ohne die durch ein ethisches Bewusstsein oder eine ihm entsprechende rechtliche Zwangsordnung gehaltenen Prinzipien der Tauschgerechtigkeit undenkbar wäre. Die stabile und verlässliche Zuordnung von Angebot und Nachfrage ist schon auf dieser Ebene von Gerechtigkeitserwägungen nicht völlig ablösbar. Wenn jeder Zeitungsverkäufer den Preis seines Produktes in dem Augenblick erhöhen könnte, in dem er davon ausgehen kann, dass der Käufer es am gleichen Tage nirgendwo außer bei ihm bekommt, so könnte von einem Preis im Sinne der ökonomischen Theorie bald keine Rede mehr sein.

## 6.3 Preisgerechtigkeit

Eine der wichtigsten Einsichten, die der Ökonomie die Grenze ihres normativen Anspruchs aufgezeigt haben, bestand darin, dass es einen „objektiven", also einen ökonomisch definierbaren „gerechten Preis" nicht gibt.

### 6.3.1 Objektive Preistheorie

Die von *John Locke* (1632–1704) aufgestellte Arbeitswerttheorie, die dann von Adam Smith und *Karl Marx* (1813–1883) weitergeführt wurde, hatte unterstellt: Der Preis sei der Ausdruck der Arbeit, die die Produktion eines Gutes im Verhältnis zu einem anderen Gut kostet. Diese „objektive" Preistheorie liegt noch dem Marxschen Begriff des „Mehrwerts" zugrunde: Nur ein Teil der Arbeit, die der Arbeiter in die Produktion einer Ware steckt, wird ihm entgolten, während der Rest des Kaufpreises (der „Mehrwert") in die Taschen des Unternehmers fließt. Nicht die tatsächlich erbrachte Leistung bestimmt die Höhe des Lohns, sondern die Kapitalisten bemühen sich, den Arbeitern gerade soviel zukommen zu lassen, damit diese überleben, aber in Abhängigkeit vom Produktionssystem der kapitalistischen Gesellschaft verbleiben.

### 6.3.2 Subjektive Preistheorie

Die Vorstellung, dass es einen objektiven Gradmesser für den Wert der Arbeit gäbe, die ein Arbeiter in die von ihm produzierte Ware steckt, ist heute längst als falsch aufgegeben und durch die „subjektive Preistheorie" ersetzt worden: Angebot und Nachfrage regeln den Preis. Die Ware ist nichts anderes wert als das, was für sie bezahlt wird – und zwar bezahlt vor dem Hintergrund einer Volkswirtschaft, deren Mitglieder sich in teilweise bewusster, teilweise unreflektierter Form darüber verständigen, was sie einander für ihre gegenseitigen Leistungen zu bieten bereit sind. Im ökonomischen Sinn „optimal" gelingt diese Verständigung dann, wenn sie dazu führt, dass alle Hersteller ihre Waren zum Grenzkostenpreis erzeugen, d.h. dass sie die letzte noch mögliche Einheit ihres Produkts herstellen, deren Erlös die Herstellungskosten übersteigt. Ein Wirtschaftssystem, in dem dies der Fall ist, beutet alle ihm gegebenen natürlichen Ressourcen in äußerster Weise aus. Nicht etwa Lebensverbesserung, sondern höchstmögliche Steigerung der Umsetzung vorhandener Ressourcen in verbrauchbare Güter ist der Sinn eines solchen Optimierungskriteriums.

## 6.3.3 Wettbewerb und Chancengleichheit

Schon wenn man innerhalb dieser rein ökonomischen Logik verbleibt, ergibt sich ein notwendiger Ergänzungsaspekt, ohne den das System langfristig nicht auskommt: die Chancengleichheit. Ein Unternehmen, das den Markt beherrscht und fremde Konkurrenz nicht mehr zu fürchten hat, tendiert nicht dazu, zum Grenzkostenpreis zu produzieren, sondern konzentriert sich auf die Sicherung seiner marktbeherrschenden Stellung, auf Werbung und Verkauf; es verliert seine Innovationsfähigkeit und unterliegt zunehmend wirtschaftsexternen Sachzwängen. Darum ist es in der Marktwirtschaft eine anerkannte Forderung an die staatliche Gesetzgebung, durch Ordnungspolitik für die Verhinderung von Monopolbildung und für die Aufrechterhaltung des Wettbewerbs zu sorgen. Chancengleichheit spielt aber nicht nur auf der Anbieter-, sondern auch auf der Nachfrageseite eine Rolle: Der Wettbewerb ist davon abhängig, dass nicht wenige Nachfrager aufgrund geschlossener Gesellschaftsstrukturen den Produktionsprozess einseitig beeinflussen und zur Stagnation bringen. Die breite Streuung von Kapital und die Ermöglichung von Aufstiegschancen entspricht dem ganz ursprünglichen Prinzip von Smith, dass der Mensch intensiver für die Erreichung dessen arbeitet, was er erstrebt, als für die Bewahrung desjenigen, was er schon hat. Die Steigerung der Massenkaufkraft ist darum gerade im Blick auf konjunkturelle Schwankungen ein vom Staat prinzipiell in Anspruch genommenes Antriebsmittel der Wirtschaft.

## 6.3.4 Korrekturprinzipien der Preisgerechtigkeit

Über diese engen ökonomischen Erwägungen hinaus gibt es weitere Prinzipien der Preisgerechtigkeit. Diese sind nicht aus

einem objektiven Verhältnis zwischen Arbeit und Warenwert
herleitbar; es handelt sich vielmehr um Korrekturprinzipien,
die die Abkoppelung des ökonomischen Systems von seinen
gesellschaftlichen Funktions- und Erfolgsbedingungen verhindern sollen. Zu ihnen zählen vor allem:

- das Prinzip der Internalisierung von Nebenfolgen: Ein Preis ist nicht gerecht, wenn er Kosten, die das Produkt hervorruft, zu Lasten der Allgemeinheit ausschließt. Dies ist z. B. dann der Fall, wenn etwa die Abfallentsorgung der Öffentlichen Hand und letztlich dem Steuerzahler aufgebürdet wird, während ihr Umfang durch Hersteller und Käufer der jeweiligen Produkte bestimmt wird.
- das Prinzip des Einbezugs aller Betroffenen: Ein Preis ist nicht gerecht, wenn er indirekt zu Lasten Dritter geht, wenn er also auf der Vernachlässigung erheblicher Interessen von Menschen beruht, ohne deren Arbeitseinsatz er nicht erzielbar wäre, die aber auf sein Zustandekommen keinen Einfluss haben und gegenüber Hersteller und Käufer auf unverantwortliche Weise benachteiligt sind. Gesundheitsschädliche Produktionsanlagen, die die Mitarbeiter körperlich und mental ruinieren, können einen Preis niedrig halten, der auf dem Markt Konkurrenzdruck erzeugt und so andere Produzenten zu ähnlichen Verfahren zwingt.
- Verhinderung bzw. Begrenzung der Nachfragemanipulation: Nicht gerecht ist der Preis, den ein Nachfrager bezahlen muss, um ein Produkt zu erwerben, von dem er – vielleicht aufgrund von Werbung – abhängig ist. Ein krasser Fall ist der der Droge: Sie verändert das Verhalten des Nachfragers und macht damit alle Erwägungen hinsichtlich eines „angemessenen Preises" für sie ethisch inakzeptabel. In abgestufter Weise betrifft dieses Problem auch den Verkauf von Genussmitteln, die Sucht zumin-

dest erzeugen können, und sogar von Schmerzmitteln, die Abhängigkeit zur Folge haben. Aufgeworfen werden muss auch die Frage, ob Werbung unbeschränkt in den Preis von Waren eingehen darf.

## 6.4 Lohngerechtigkeit

Arbeit ist unter den Bedingungen der modernen Industriegesellschaft auch eine Ware, die ihren durch Angebot und Nachfrage geregelten Preis hat; sie darf unter ethischem Gesichtspunkt aber nicht nur dies sein.

### 6.4.1 Arbeit und Freizeit

Die These von Marx, wonach gerade die Arbeit grundlegend für die Trennung zwischen Person und Sache und damit für die Herausbildung des ethisch fundamentalen personalen und interpersonalen Verhältnisses verantwortlich ist, ist noch heute aktuell. Diese Aktualität trifft auch für die folgende Unterscheidung von Marx zu:

- Konkrete Arbeit hat ihren Sinn in der Umgestaltung der Natur und des Genusses ihrer Früchte durch den Menschen.
- Abstrakte Arbeit leistet man innerhalb eines ökonomischen Systems letztlich nur, weil man morgen wieder arbeiten möchte, weil man also in Abhängigkeit von diesem System lebt.

In besonders brisanter Form tritt diese Aktualität durch die Veränderungen, die sich seit Marx in unseren westlichen Gesellschaften mit Blick auf die Produktionsstrukturen vollzogen haben, entgegen. So liegt z. B. der Anteil der deutschen Bevölkerung, der im sog. Tertiären Sektor (wenn man unter „Abstrakter Arbeit" Dienstleistungen versteht) tätig ist, bei ca. 74 % (Zahlen der Homepage der BPB entnommen). Zahlreiche qualitative Erhebungen belegen, dass eine systematische Überforderung von Mitarbeitern längst an der Tagesordnung zu sein scheint. Quellen der Überforderung sind zum einen Prozesse der Verdichtung und Beschleunigung von Arbeitsprozessen; unter dem Vorzeichen der Aufrechterhaltung der Wettbewerbsfähigkeit soll dieselbe Arbeit in geringerer Zeit und höherer Qualität, jedoch mit weniger Personal geleistet werden. Zum anderen sollen in unübersichtlichen Situationen und auf unbeständigen Märkten Zielvorgaben erfüllt werden, „ohne dass für die jeweiligen Akteure ein echter Zusammenhang zwischen Handlung und Wirkung erkennbar wäre" (Heidenreich, S. 141).

Niemand kann unter den Bedingungen der Leistungszumutung eines global verflochtenen Wettbewerbssystems eine Gesellschaft leicht von dem Verdacht freisprechen, ihm gerade soviel an finanzieller Vergütung zukommen zu lassen, wie nötig ist, damit er „motiviert" und genötigt bleibt, weiter an ihrem Leistungsprozess mitzuwirken. Allerdings kann die Steigerung des „Freizeitangebots" gegen diesen Verdacht der zunehmenden „Entfremdung" vom Sinn der Arbeit kein letztgültiges Argument sein, wenn man bedenkt, dass die Freizeit selbst immer mehr von Leistungs- und Wettbewerbsaspekten geprägt wird. Dass wir immer mehr Freiheit haben, rechtfertigt nicht eine zunehmende Gleichgültigkeit gegenüber der Frage, wodurch und weshalb wir uns diese eigentlich verdienen. Vor allem, wenn sich die Freizeittätigkeiten in banal-hedonistischer Manier ausschließlich im Konsum erschöpfen, scheint zusätzliche Freizeit eher Teil des Problems zu sein und nicht zu dessen Lösung beizutragen, muss man doch ungünstiges Ausgabenverhalten wieder gegenfinanzieren.

## 6.4.2 Bedeutung kultureller Tätigkeit

Ein gelingendes Leben ist ohnehin nicht aus Arbeit und Freizeit zusammengesetzt, sondern es beruht auf etwas Drittem, das für erfülltes menschliches Dasein entscheidend ist: der freiwilligen, normalerweise nicht entlohnten Anstrengung eines Menschen für eine humane, kulturell hochstehende Praxis. Beispiele hierfür wären etwa ein gepflegtes Haus, eine Kultur des Malens und Musizierens, des geistreichen Gesprächs, der Gastlichkeit und der erfüllenden Gestaltung familiärer und freundschaftlicher Nähebeziehungen, Gediegenheit in den für die menschliche Kultur erst jenseits ihrer natürlichen Überlebensfunktionen ihren Wert erlangenden Praktiken des guten Kochens und Speisens, ästhetischen Sichkleidens und schönen Wohnens, des bildenden Reisens und Lesens, des exzentrischen Sammelns und des sozial geachteten Engagements bis hin zur Vereinsmeierei. All das ist weder „Zerstreuung" im Sinne der modernen Freizeitindustrie noch Arbeit. Sondern eine solche auf Geschmack und Persönlichkeit basierende Lebensweise ist Lebenssinn, also etwas, das man nicht „braucht", sondern das man sich leistet und für dessen Genuß man versucht, sich durch entlohnte Arbeit den Freiraum und die finanziellen Möglichkeiten zu schaffen. Erst innerhalb dieser für den Wert einer zivilisierten und kulturell hochstehenden Gesellschaft entscheidenden Offenheit des häuslichen und öffentlichen Lebens für edle Güter und Betätigungen kann sich überhaupt zeigen, was der Mensch jenseits seines Leistenkönnens und seiner Stellung im Wettbewerb eigentlich ist. Nur in ihr kann sich auch ein Verhältnis ausbilden, innerhalb dessen die humanen Qualitäten auch und gerade derjenigen sichtbar werden, die nicht oder nicht mehr zur gesellschaftlich erwünschten Leistung fähig sind.

### 6.4.3 Grundprinzipien der Lohngerechtigkeit

Unter dem Aspekt der Lohnarbeit, die zum Angebot von Waren zumindest grundsätzliche Parallelen aufweist, sind prinzipielle Forderungen der Lohngerechtigkeit festzuhalten.

- Gleicher Lohn für gleiche Arbeit: Arbeit hat nicht nur den Sinn konkreter Naturgestaltung und kollektiver Produktion, sondern sie ist das Medium, in dem Menschen ihre Identität entfalten und bis zu einem gewissen Grad auch finden müssen. Insofern personale Identität in einem Verhältnis interpersonaler Rechtfertigung besteht, muss daher für die Bewertung der Arbeit das Willkürverbot im zwischenmenschlichen Umgang gelten. Abweichungen von dieser Grundforderung sind ihrerseits rechtfertigungsbedürftig, z. B. unter dem Gesichtspunkt der Treue zum eigenen Unternehmen, die einem Arbeiter vergütet wird. Dass Menschen nicht nur innerhalb vergleichbar entwickelter Gesellschaften, sondern über die Welt hinweg gleicher Lohn für gleiche Arbeit bezahlt wird, ist freilich eine ideale Forderung, für die nicht die Wirtschaft, sondern die Politik in Anspruch zu nehmen wäre.
- Das Leistungsprinzip: Arbeitsteilung hat den Sinn der Kraft- und Zeitersparnis. In diesem Kontext gilt: Wer in ihrem Rahmen mehr leistet als andere, soll sich damit auch ein Mehr an Gegenleistung anderer verdienen. Gleichwohl scheint es hier mit Blick auf „Leistung" selbst eine Diskrepanz zu geben, denn während „Leistung" im ökonomischen Sinn den Preis bezeichnet, der für eine Sache bezahlt wird, versteht man im weiteren Sinne unter „Leistung" eine tatsächliche Anstrengung. Beide Bedeutungssphären korrelieren nicht automatisch, da der Marktwert einer Leistung vor allem durch die Knappheit des Angebots bestimmt wird. So ergibt sich mit Blick auf das Leis-

tungsprinzip folgendes Problem: Ein Akteur mag Einfluss nehmen können auf seine Anstrengung, jedoch nur bedingt auf die ökonomische Leistung, die er damit erzielt (Heidenreich, S. 144).
- Ertragsbeteiligung abhängig Beschäftigter: Arbeit ist nicht nur eine Eröffnungsbedingung, sondern eine reale Ursache der Ertragssteigerung einer Volkswirtschaft bzw. einer ihrer Branchen. Es wäre darum nicht gerecht, wenn die Steigerung – und entsprechend natürlich auch die Minderung – des Anteils am Erwirtschafteten den Beschäftigten nicht zu Gute käme, wenn sie nicht mehr dazu tun könnten als ihre vertraglichen Verpflichtungen erfüllen.
- Einbezug der Arbeitslosen: Ein Tariflohn kann ungerecht sein, wenn er das Interesse der Arbeitslosen auf Wiederbeschäftigung außer Acht lässt. Dies betrifft nicht nur die Lohnhöhe, sondern auch die Praxis der Verlagerung wesentlicher Teile der Produktion auf Überstunden und die Ausgestaltung von Arbeitsplätzen in einer Weise, die die Neueinstellung von Arbeitslosen verhindert.

## 6.5 Ethik in Unternehmen und Management

In unseren hochkomplexen Wirtschaftssystemen kommt den Unternehmen eine besondere Rolle zu – jedes Einführungswerk zur Volkswirtschaftslehre belegt dies, indem selbst in den einfachsten Darstellungen eines Wirtschaftskreislaufs die Unternehmen ihren angestammten Platz einnehmen. Und obschon im deutschen Grundgesetz eine moralische Dimension des Unternehmertums durch die Rolle des Privateigentums angedeutet ist (§ 14 Abs. 2), schien lange Zeit mit Blick auf Unternehmenskultur Milton Friedmans Maxime zu gelten: „*The business of business is business.*" Dabei ist es ersichtlich, dass ein Unternehmen, will es erfolgreich sein, auf unterschiedlichen Verantwortungsebenen Ethik und Moral zu seinem Geschäft machen muss:

- Arbeitnehmer und andere Unternehmen: Ohne ein Mindestmaß an Vertrauen, können Unternehmen keine erfolgreichen Beziehungen zur ihren Mitarbeitern und anderen Unternehmen aufbauen. Zwar bieten entsprechende Verträge eine gewisse Rechtssicherheit, gleichwohl werden diese immer von einem impliziten moralischen Vertrag begleitet, „der im Falle einer sprachlichen oder sachlichen Unklarheit das gegenseitige Wohlwollen einfordert" (Heidenreich, S. 79). Ferner vermag das Miteinbeziehen von Arbeitnehmern in die Entscheidungsprozesse des Unternehmens zusätzliche Effizienz freizusetzen, da die Mitarbeiter u. U. ein höheres Risiko (Arbeitsplatz) tragen als die Anteilseigner. Aus diesem Grund ist anzunehmen, dass der Belegschaft eines Unternehmens an einer guten Unternehmenspolitik gelegen ist (Homann und Lütge, S. 101).
- Umwelt: Der Umweltschutz nimmt in der Gesellschaft einen fest etablierten Platz ein. Konkret wird dies in verschiedenen Werturteilen, z. B. dass künftige Generationen ein Recht auf eine intakte Umwelt haben und dem gleichen Recht aller Menschen auf Nutzung der Umwelt, solange dies in Maßen bleibt. Diese ökologischen Erfordernisse schlagen sich in v. a. in drei „Management-Regeln" nieder: Erstens sollen erneuerbare Ressourcen nur im Maße ihrer Regenerationsrate genutzt werden. Zweitens sollen nicht erneuerbare Ressourcen nur im Maße ihrer Substitutionsmöglichkeiten genutzt werden. Drittens soll die Schadstoffabgabe unterhalb der Assimilationsfähigkeit der Umweltmedien bleiben (Homann und Lütge, S. 104).
- Die Verbraucher: Mit Blick auf die Verbraucher kann ein moralisches Auftreten eines Unternehmens auch zum Aus-

hängeschild für den eigenen Betrieb werden (Heidenreich, S. 149).

**Verwendete Literatur**

Homann, Karl und C. Lütge. 2005. *Einführung in die Wirtschaftsethik*. Münster: LIT.
Koslowski, Peter. 1988. *Prinzipien der Ethischen Ökonomie*. Tübingen: Mohr.
Heidenreich, Felix. 2012. *Wirtschaftsethik zur Einführung*. Hamburg: Junius Verlag.

# 7 Ethik im Zeitalter der Information und Medien

Zum Programm der Aufklärung, den Menschen aus seiner Unmündigkeit zur Autonomie zu befreien, gehört wesentlich die Freiheit der ungehinderten Information, durch die erst Wissensansprüche kritisch hinterfragt und Monopole der Belehrung und Beeinflussung von Menschen überwunden werden konnten. Nichtsdestoweniger schaffen die modernen Kommunikationsmedien, die zur Verwirklichung dieser Freiheit entstanden sind, eine neue und eigene Quelle geistiger Abhängigkeit ihrer „Benutzer". Das 7. Kapitel thematisiert einerseits die zentrale Bedeutung der Medien und ihrer Informationsvermittlung für den modernen Menschen; es fordert andererseits kritisch eine ethische Beurteilung ihrer Fehlentwicklungen.

Der erste Abschnitt erläutert historisch und systematisch die inhaltliche Bedeutung des *Informationsbegriffs* (7.1).

Der folgende Abschnitt behandelt den Stellenwert der *Medien* in der Öffentlichkeit und beleuchtet kritisch die Auswirkungen für das menschliche Welt- und Selbstverhältnis (7.2).

Im letzten Abschnitt werden die Grundsätze einer Medienethik und die Grenzen der Informationsvermittlung dargelegt (7.3).

## 7.1 Moral im Informationszeitalter

### 7.1.1 Der Begriff der Information

Während Information allgemein als der Inbegriff der Inhalte möglicher Verständigung der Menschen über ihre Welt definiert werden kann, hat die Kommunikationstheorie einen ganz speziellen Begriff der Information aufgestellt. *Information ist jedes im Prozess der Kommunikation ausgesendete Signal, das von einem Empfänger entschlüsselt werden bzw. eine Reaktion bei ihm auslösen kann.* Kommunikation ist die gegenseitige Übermittlung von Signalen zwischen Partnern, die zur Entschlüsselung der in diesen Signalen wiedergegebenen Bedeutungen fähig sind. Dazu ist vorausgesetzt, dass sie über einen gemeinsamen Code symbolischer Interaktion verfügen, d. h. über ein gemeinsames Zeichensystem und die Möglichkeit, dies zu entschlüsseln. *Der Inhalt von Information wird als Nachricht bezeichnet.* Die Grundeinheit der Information ist das „bit" (von engl. *binary digit* = binäre Ziffer): Eine Nachricht, die in das Kommunikationssystem eingegeben wird, hat zwei prinzipielle Möglichkeiten („1" oder „0"), nämlich ihrer Weitergabe oder Nichtweitergabe. Die materielle Basis für die Weitergabe von Information sind im System der modernen Kommunikationstechnologien meist elektrische Ströme, die ausgesendet bzw. unterbrochen werden. Der technologische Fortschritt auf diesem Gebiet besteht wesentlich in der Erhöhung der Speicherkapazität von Systemen der Weitergabe kodierter Information.

### Literaturhinweis

Campurro, Rafael. 1987. *Information. Ein Beitrag zur etymologischen und ideengeschichtlichen Begründung des Informationsbegriffs*. München, New York, London, Paris: K. G. Saur.

Seiffert, Helmut. 1970. *Information über die Information. Verständigung im Alltag, Nachrichtentechnik, Wissenschaftliches Verstehen, Informationssoziologie, das Wissen des Gelehrten.* München: Beck.
von Weizsäcker, Carl Friedrich. 1979. Sprache als Information. In *Die Einheit der Natur. Studien von Carl Friedrich von Weizsäcker.* München: Hanser.

### 7.1.2 Der Horizont des Informationszeitalters

„Informationszeitalter" ist nicht die Bezeichnung für eine klar umgrenzte Epoche, sondern eher für eine Tendenz, in der sich unsere Gesellschaft bewegt und die den Horizont für die Unterscheidung zwischen dem bestimmt, was wir in unseren Kommunikationsprozessen für bewahrenswürdig oder für veränderungsbedürftig erachten. Man kann den Begriff nur durch ein zugespitztes historisches Schema verdeutlichen, indem man drei Hauptepochen medialer Weltbildvermittlung unterscheidet:

#### 7.1.2.1 Wissen und Kommunikation

In der ersten Epoche bildete direkte persönliche Kommunikation die ausschließliche Basis der Vermittlung des menschlichen Weltbildes. Typisch hierfür sind die philosophischen Schulen der Antike, in denen die persönliche Autorität des Lehrenden für den Lernenden etwas bedeutet, das sich durch Bücher niemals vollständig ersetzen lässt. Auch in der scholastischen Methode des Mittelalters ist die Kunst der Disputation ein Grundmodell der Wahrheitsvermittlung, das als uneinholbar durch die ihm unterliegenden schriftlichen Fixierungen verstanden wird. Die „Schulen" und Orden bildeten dabei natürlich immer auch ein lebensmäßiges und soziales Band zwischen den Kommunizierenden, ohne das die inhaltlich gelehrten Auffassungen nicht vollständig begreiflich sind.

### 7.1.2.2 Nachricht und Bildung

Mit der Erfindung des neuzeitlichen Buchdrucks wurde eine Entwicklung eröffnet, die dann zu dem spezifisch gewandelten, gegenüber der autoritativen Schulbildung kritisch eingestellten modernen Ethos der Information geführt hat. In seinem Zentrum steht ein anderer als der kommunikationstheoretische, nämlich der viel früher entstandene politisch-gesellschaftliche Begriff der Information: Information ist der Inbegriff der der Öffentlichkeit zugänglichen Nachrichten. Information hat demnach den Sinn, Wissensmangel und fehlende Bildung in breiten Schichten der Bevölkerung, im Prinzip für jeden Menschen zu überwinden und gerade gegenüber tradierten, aus autoritativen Schulen hervorgegangenen Lehr- und Wissensansprüchen Kritikfähigkeit zu erzeugen. Der Hintergrund dieser zweiten Epoche ist die durch die Aufklärung geprägte bürgerliche Gesellschaft mit dem Anspruch, als „öffentliche Meinung" eine durch rationale Urteilsbildung gefilterte Stellungnahme der Regierten auch gegenüber allen Aktionen der Regierung formulieren zu können. Das gedruckte Buch und vor allem die Zeitung bilden das zentrale Medium dieser Öffentlichkeit. Direkte persönliche Kommunikation bildet immer noch den entscheidenden Ausgangspunkt in Form des langjährigen Miteinanderumgehens von Lehrenden und Lernenden im Prozess der schulischen Bildung und Erziehung. Die Kompetenz im Umgang mit den Medien, die diese öffentliche Information ermöglichen, geht einher mit dem Erwerb der Fähigkeit, sich kritisch und anspruchsvoll mit der Frage auseinanderzusetzen, was und warum etwas überhaupt wert ist, zum Gegenstand des Wissens gemacht zu werden. Die Schule wird zur Instanz der kulturellen Prägung einer Gesellschaft.

### 7.1.2.3 Information und Medium

Das Informationszeitalter bildet nun, gegenüber den anderen beiden vorerst nur ansatzweise umreißbar, den Schritt in eine dritte Epoche medialer Weltvermittlung. Er lässt sich als die Tendenz beschreiben, dass der Anspruch des öffentlich gelehrten Umgangs mit den weltbildvermittelnden Medien und die Voraussetzung jahrelanger persönlich Kommunikation als Basis ihrer Beherrschung durch das mündige Individuum überflüssig werden.

Die rasante Verbreitung von Internetzugängen und die damit einhergehende Nutzung sogenannter sozialer Netzwerke verschärft diese Problematik zusätzlich. Informationen werden hier kaum noch durch unabhängige Medien neutral dargestellt, sondern vornehmlich in interessegeleiteten Gruppen verbreitet – ein Mechanismus, der der Informationsflut der neuen Medien entgegenläuft. Der Internetnutzer gerät hier in die Gefahr, sich bevorzugt den Gruppen anzuschließen, die seine Meinungen lediglich bestätigen. Ein kontroverser und konstruktiver Austausch von Argumenten entsprechend der Ideale der Netzkultur findet dort nicht mehr statt.

Das Smartphone macht den Zugang zum Internet unabhängig von stationären Computern. Information lässt sich nun jederzeit von überall abrufen. Detailliertes und komplexes Wissen verliert zunehmende an Bedeutung angesichts der ständigen Zugänglichkeit von Suchmaschinen und Wissensdatenbanken.

Der Zugang zu öffentlich verbreiteter Information wird zur Angelegenheit des Knopfdrucks und ersetzt zunehmend die

Mühe und Anstrengung der Erlernung des Umgangs mit Sprache, Mathematik und kritischen Denkweisen, die ursprünglich die Voraussetzungen für Informationserlangung bildeten. Damit aber geht ein ethisch bedeutsamer Anspruch verloren, der mit dem Begriff und der klassischen wie auch der modernen Auffassung vom Sinn der Information verbunden war.

### 7.1.3 Der Unterschied zwischen Information und Wissen

Information ist nach ursprünglichem Verständnis kein Selbstzweck, sondern sie dient der Erlangung von Wissen. Wissen aber ist prinzipiell mehr als nur die Zurkenntnisnahme und „Speicherung" von Nachrichten. *Wissen muss man definieren als Inbegriff der Inhalte möglicher Wahrheitserkenntnis des Menschen.* Mit dem Wahrheitsanspruch sind Voraussetzungen verbunden, die der Begriff der Information nicht einholen kann. Die wichtigsten lassen sich folgendermaßen zusammenfassen:

- *Wissen weiß um seine Begründung:* Natürlich kann man nicht alles nachprüfen, was man zu wissen beansprucht; aber man muss zumindest über die Kompetenz verfügen, die solche Nachprüfung ermöglicht und die einem erlaubt, zwischen denen zu unterscheiden, die ihr Wissen durch eigene Prüfung erlangt haben, und denen, die nur Information wiedergeben.
- *Wissen weiß um seine Gewichtung:* Für den Anspruch des Wissens ist entscheidend die Kompetenz, den Stellenwert der Information zu erkennen und zu bewerten. Ein gebildeter Mensch kann Wichtiges von Unwichtigem unterscheiden und Zusammenhänge zwischen Informationen unterschiedlicher Art selbständig herstellen.

- *Wissen weiß um seine Begrenzung:* Eine neue Sichtweise kann Erkenntnis herbeiführen, durch die Massen vorhandener Information veralten, ohne dass man unbedingt sagen könnte, dass die alten Erkenntnisse einfach falsch gewesen wären. Information ist als Wissen keine einheitliche Menge von „*bits*", sondern ein Prozess, dessen Fortschritt mit darüber aufklärt, was man eigentlich zuvor und bisher schon gewusst hat.

Der kommunikationstheoretische Informationsbegriff ersetzt die ethisch bedeutsamen Aspekte des Wissensbegriffs durch einen rein technischen Anspruch: Welche Inhalte unserer Verständigung können in die Form einer binär strukturierten und kodierten Weitergabe gebracht werden? Was ist überhaupt wert, weitergegeben zu werden und welche Bedeutung kommt ihm im Zusammenhang des Ganzen meines Wissens zu? Von diesem Defizit her lassen sich die Ausgangspunkte der Kritik bestimmen, die heute an den gesellschaftlichen Auswirkungen des für das Informationszeitalter typischen Mediengebrauchs geübt wird.

## 7.2 Die Mediatisierung der Öffentlichkeit

Als „Mediatisierung" soll hier die Tendenz zur Unterwerfung der Inhalte öffentlicher Urteilsbildung unter das Grundgebot ihrer mediengerechten Aufbereitung verstanden werden. In dem Schlagwort des kanadischen Kommunikationstheoretikers *Mashall McLuhan* (1911–1980) „*The medium is the message*" (dt. Das Medium ist die Botschaft) sind Ursachen dieser Mediatisierung auf den Punkt gebracht worden:

- die Angebotsexplosion
- die Kommerzialisierung

- die Internationalisierung
- die technologische Integration

**Literaturhinweis**
McLuhan, Mashall. 1968. *Die magischen Kanäle*. Düsseldorf/Wien: Econ.

Es ist zum entscheidenden ökonomischen Überlebensfaktor des Informationsanbieters geworden, die Aufmerksamkeit seiner „Konsumenten" zu gewinnen und festzuhalten und vor allem auch ihren Kreis ständig zu erweitern (bis hin zur Gewinnung der Kinder und Jugendlichen als „Abnehmer" eines eigens auf ihre Aufmerksamkeit zugeschnittenen Angebots). Die Inhalte der Information geraten zunehmend unter das Diktat dieser Durchsetzung auf dem „Aufmerksamkeitsmarkt".

### 7.2.1 Schein und Wirklichkeit

Die Folgen der Mediatisierung zeigen sich in Tendenzen des Informationsangebots zur

- *Scheinvielfalt:* Dasselbe Material, oft von einem einzigen „Großanbieter" zusammengestellt und zum internationalen Verbrauch aufbereitet (Die UNESCO stellte schon bei einem Symposium 1978 „amtlich" fest, dass ein Drittel der über die Welt verbreiteten Fernsehnachrichten aus New York stammen.), wird in Programme „verpackt", die durch Moderation und Ausgestaltung den Schein der Informationsvielfalt erwecken.
- *Scheindirektheit:* Mediengerechtes Auftreten wird zum Auslesekritierium der Personen, die in den Medien zu

Wort kommen und die Aufmerksamkeit der Öffentlichkeit finden. Was zu lange dauert und zu viel Anstrengungen der Rezeption erfordert, stört.
- *Scheinobjektivität:* Zunehmend werden die Gegenstände der Information selbst schon im Hinblick auf ihren Status als „Medienereignisse" organisiert und gestaltet. Was eigentlich Recherche und kritische Durchleuchtung erfordern würde, findet jenseits davon in einem Raum statt, der sich der öffentlichen Aufmerksamkeit entzieht.

### 7.2.2 Infotainment

Ein Grundzug der Verzerrung des Informationsangebots ist die durchgängige Vermischung von Information und Unterhaltung („*Infotainment*" – eine Vermischung von *information* (engl.) und *entertainment* (engl.) = dt. Unterhaltung). Gegen „Unterhaltung" an sich ist nichts einzuwenden; aber man muss die Dimension im Auge behalten, die sie im Kontakt menschlichen Personseins einnimmt und die mit dem Ausdruck „Zerstreuung" markiert wird. Unterhaltung ist die Dimension, in der wir Abstand von dem nehmen, womit es uns wirklich ernst ist und wodurch jeder von uns den einzigartigen Bezug auf sein Leben als Ganzes gewinnt, durch den er sich von jedem anderen unterscheidet. Im Bereich der Unterhaltung können wir Masken annehmen, können anderen anonym und ohne die spezifisch personale Verantwortung lauschen und zuschauen, können wir die Zeit „vergeuden". Vorausgesetzt ist dabei, dass wir die Grenze zur Realität und zum verantwortlichen Handeln nicht verwischen. Ethisch inakzeptabel ist es, wenn Unterhaltung zum Grundbild personaler Identität zu werden droht und die Folgen, die ein bestimmtes Verhalten in der Realität hat, mit der spielerischen Folgelosigkeit des Mediums verwechselt werden.

In diesem Bereich stellen sich problematische Fragen in erster Linie an das Fernsehen als „Metamedium", d. h. als das Medium, das die Gewohnheiten und Erwartungen in unserem Umgang mit anderen Medien stark beeinflusst und beherrscht. Es präsentiert die vielleicht wichtigste Kunstform des zwanzigsten Jahrhunderts, den Film, auf eine Weise, deren weltbildverändernde Wirkung wir noch immer nicht endgültig abschätzen können. Berichterstattung wird als spannende Inszenierung gestaltet und die schonungs- und schamlose Darstellung von Realität wir zum voyeuristischen Ersatz für gespielte Unterhaltung. Im Fernsehen verschwimmt nicht nur die Grenze zwischen Sein und Wirklichkeit, sondern auch das für soziale Verantwortung wesentliche Relationsgefüge von Nähe und Ferne. Alle Weltteile rücken in der Informations- und Bildflut der Nachrichten in eine scheinbare Greifbarkeit. Der ganz unterschiedliche Grad an Verantwortung, den man für Vorgänge in der eigenen Nachbarschaft und für weit entfernte Zeitläufe trägt, droht in Vergessenheit zu geraten.

Insbesondere das Internet stellt uns hier vor neue Herausforderungen. Mit wenigen Klicks scheint das Wissen der Welt jederzeit abrufbar zu sein. Hierbei ist besonders zu bedenken, dass die Inhalte der verschiedenen Plattformen meist nicht redaktionell aufbereitet sind, sondern oft nur wenig fundierte Meinungen wiedergeben. Daneben sind einige vornehmlich auf Werbung oder gezielte Meinungsmache ausgelegt. Die Inhalte des Internets bilden nicht das Wissen der Welt ab, sondern die Meinungen und Ansichten der verschiedensten Personen, Organisationen und Interessengruppen. Die aggregierende und filternde Funktion der klassischen Medien ist hier an vielen Stellen außer Kraft gesetzt. Um in diesem Dschungel den Überblick zu bewahren und objektive Information von persönlicher Ansicht zu unterscheiden, ist Medienkompetenz durch Bildung mehr denn je gefragt.

## 7.2.3 Emotionale Überforderung

Von hoher Bedeutung für die ethische Beurteilung des Medienbetriebs ist die Frage nach seiner gewalt- und emotionsfördernden Wirkung. Man darf diese nicht in der unmittelbaren Darstellung von Gewalt verankern. Gewaltszenen hat es immer gegeben, nicht zuletzt in den größten Kunstwerken. Die Darstellung von Gewalt bewegt uns, sie reißt uns in eine dramatische Handlung hinein und zwingt den Betrachter, sich auf das Thema des Autors emotional einzulassen. Ein unmittelbarer Zusammenhang zwischen medialer Gewaltdarstellung und realer Aggression ist umstritten. Viel wichtiger als die inhaltliche Gewaltdarstellung ist jedoch die Wirkung von Medien, die emotionale Erschütterung herbeiführen, dem Betrachter jedoch nicht die Zeit lassen, diese zu verarbeiten und auf der emotionalen wie auch der rationalen Ebene zu ihr Stellung zu nehmen. Die pausenlose Überschüttung mit Sendeinhalten und Online-Videos führt zur Abstumpfung. Unreflektierte Erschütterung wird in Angst und Ohnmachtsgefühle überführt. Dies gilt auch auf der Informationsebene, wenn reale Gewalt berichtend vorgeführt wird, aber unkommentiert und unanalysiert bleibt. Im pausenlosen Übergang von einem Auslöser emotionaler Betroffenheit zum nächsten liegt die formale Gewalt.

**Literaturhinweis**

Die „fehlende Halbsekunde", in der emotionale Betroffenheit verarbeitet werden könnte und ohne die sie in eine Überforderung umschlägt, ist Thema und Fazit der empirischen Forschung der Medientheoretikerin *Hertha Sturm*.

Sturm, Hertha/K. Holzeuer/R. Helmreich. 1978. *Emotionale Wirkungen des Fernsehens – Jugendliche als Rezipienten.* München/New York: Saur – Schriftenreihe Internationa-

les Zentralinstitut für das Jugend- und Bildungsfernsehen; Nr. 10.
Sturm, Hertha. 1979. *Wie Kinder mit dem Fernsehen umgehen: Nutzen und Wirkung eines Mediums*. Stuttgart: Klett-Cotta.

Die nach wie vor herausfordernde Anklage gegen das Fernsehen als anti-intellektuelle, kultur- und persönlichkeitsgefährdende mediale Droge findet sich in:

Postman, Neil. 1983. *Das Verschwinden der Kindheit*. Frankfurt a. M.: Fischer.
Postman, Neil. 1985. *Wir amüsieren uns zu Tode. Urteilsbildung im Zeitalter der Unterhaltungsindustrie*. Frankfurt a. M.: Fischer.

### 7.2.4 Das Verschwinden der Kindheit

Eine der Hauptangeklagten des amerik. Medienkritikers *Neil Postman* (1931–2003) an die elektronischen Medien richtet sich an die Vernichtung der Sphäre des Schutzes und der Scham für minderjährige, noch unmündige Menschen. Ohne diese Schutz-Sphäre kann es Kindheit als Lebensform einer erst zu sich findenden, dem Konkurrenzdruck der Erwachsenenwelt entzogenen Persönlichkeit nicht geben. Ohne die Bewahrung von Geheimnissen und ohne die Abschirmung von den Sprechweisen und emotionalen Erfahrungen des Erwachsenen wird das Kind den Freiraum verlieren, in dem es die stabile Haltung gegenüber seinem eigenen Leben ausbildet. Diese erst kann nach der Phase der Kindheit die Rückzugsbasis bieten, in der es mit den Zumutungen des Erwachsenendaseins fertig werden kann. Der Verlust eigener Urteilskraft, das Unverständnis für direkte im Unterschied zu nachgemachter Erfahrung und das mangelnde Vertrautwerden mit ganz eigenen, selbstgesetzten Beurteilungsmaßstäben sind die Hauptaspekte einer kritischen Wachsamkeit gegen den Einfluss der elektronischen Medien auf die kindliche Persönlichkeit.

Auch wenn sich Postmans Kritik gegen das Fernsehen richtet, so lässt sie sich in gewisser Hinsicht auch auf das Medium Internet übertragen. Gerade hier können Kinder mit gewaltverherrlichenden Videos, Cybermobbing und diversen illegalen Darstellungen in Berührung kommen. Es wäre verfehlt, das neue Medium pauschal für solche Inhalte zu diskreditieren. Wie auch beim Fernsehen ist eine altersgerechte Nutzung und gegebenenfalls Beschränkung durch die Eltern dringend erforderlich.

## 7.3 Grundansätze der Medienethik

### 7.3.1 Ausgangspunkte

Medienethik kann unabhängig von den Grundfragen der Sozial- und Wirtschaftsethik nicht betrieben werden. Sie muss sowohl der Verweigerung gegenüber der Macht des Informationszeitalters wie auch der zynischen oder resignativen Übernahme seiner Logik ausweichen. Sie muss sich auf das Ethos der Information zurückbesinnen, wie es in den klassischen Forderungen des Wissens- und Bildungsbegriffs wie auch der kulturell definierten Aufklärung zum Ausdruck kommt. Es geht darum, gegenüber dem Medienkonsum in der Gesellschaft zumindest kommunikative Räume zu bewahren, in denen der Eigenwert der älteren und ursprünglicheren Kommunikationsformen noch erfahren werden kann. Vor allem heißt dies, dass die Medien des Informationszeitalters nicht als Metamedien akzeptiert werden dürfen, von denen wir lernen könnten, wie und womit etwa schulischer Unterricht oder

der Umgang mit Büchern neu gestaltet werden sollte. Unterhaltungswert und Programmvielfalt dürfen nicht als Maßstäbe des sozialen und insbesondere des kindlichen Lernens an die Stelle der Anstrengung des Begriffs und der Offenheit für direkte Erfahrung treten.

### 7.3.2 Zwei Ansätze

Von dieser Grundforderung her wird eine Verbindung zwischen den beiden gegensätzlichen Varianten zu finden sein, die die Richtung der medienethischen Besinnung prägen:

#### 7.3.2.1 Normativ-tugendethischer Ansatz

Der normativ-tugendethische Ansatz nimmt das Selbstverständnis des Medienschaffenden im Sinne einer professionellen Ethik der Vorbildlichkeit und der personalen Gerechtigkeit in Anspruch. Die Grenzen dieses Ansatzes bestehen in der Überbetonung der personalen Gestaltungskraft und der Vernachlässigung der Rolle der organisatorischen Steuerungsmechanismen in den Medien.

**Literaturhinweis**

Boventer, Herrmann. 1984. *Ethik des Journalismus. Zur Philosophie der Medienkultur*. Konstanz: Universitäts-Verlag.

Boventer, Herrmann. 1988. *Medien und Moral. Ungeschriebene Regeln des Journalismus*. Konstanz: Universitäts-Verlag.

Funiok, Rüdiger. 2007. *Medienethik. Verantwortung in der Mediengesellschaft*. Stuttgart: Kohlhammer.

Greis, Andreas/G. W. Hunold/K. Koziol (Hrsg.). 2003. *Medienethik. Ein Arbeitsbuch*. Tübingen und Basel: Francke.

## 7.3.2.2 Empirisch-funktionaler Ansatz

Der empirisch-funktionale Ansatz versucht im Sinne der Systemtheorie die Selbststeuerung des Kommunikationssystems theoretisch zu unterlegen. Die Grenzen dieses Ansatzes liegen in der Unterbetonung der inhaltlichen Maßstäbe und in der Tendenz zur Verrechtlichung medialer Kontrollmechanismen.

**Literaturhinweis**
Rühl, Manfred und U. Saxer. 1981. 25 Jahre Deutscher Presserat. Ein Anlass für Überlegungen zu einer kommunikationswissenschaftlich fundierten Ethik des Journalismus und der Massenkommunikation. *Publizistik 1981/4*, S. 471–507.

### 7.3.3 Publizistische Grundsätze

Der normativ-tugendethische Ansatz ist die Basis einer Reihe von ethischen Mindestforderungen, die im Bereich des Journalismus und der publizistischen Gestaltung von Massenkommunikation aufgestellt und etwa vom Deutschen Presserat als Beurteilungskriterien seriöser publizistischer Tätigkeit festgeschrieben worden sind. Die wichtigsten dieser Kriterien bzw. Prinzipien sind:

- Wahrhaftigkeit und Berichterstattung
- Sorgfalt der Recherche
- Gegendarstellung bei unrichtigen Behauptungen
- Wahrung der Vertraulichkeit gegenüber Informanten
- Unabhängigkeit von geschäftlichen Interessen und Einflussnahmen
- Achtung der Privatsphäre

- Unschuldsvermutung in der Berichterstattung über strafrechtliche Verfahren

### 7.3.4 Grenzen der Informationspflicht

An den Grundsätzen eines ethisch verantwortlichen Journalismus findet das Prinzip der Informationspflicht seine Grenze. Der Medienschaffende hat zwar die Pflicht, die Öffentlichkeit mit Nachrichten bekannt zu machen, und er kann sich dabei auf das Grundrecht auf Freiheit der Information stützen. Aber dieses Grundrecht hat, wie jedes Grundrecht, im Kontext der einander gegenseitig definierenden menschenrechtlichen Freiheiten seine Schranken. Unser Grundrecht auf freien Zugang zu Informationen hat seine Grenze in den ethisch gebotenen Grenzen der Informationspflicht.

Diese lassen sich im Kern folgendermaßen umreißen:

Der Medienschaffende hat eine Sonderstellung im Rechtsstaat, aber er hat sie als Vermittler von Information, nicht als Verkünder der Wahrheit. Politische oder weltanschauliche Mission ist nicht die Aufgabe, bei deren Wahrnehmung er sich auf Informationsrecht und -pflicht berufen könnte. Berichterstattung beruht zwar auf der Verantwortung gegenüber der Öffentlichkeit, aber sie begründet auch Verantwortung für ihre Folgen gegenüber den Menschen, über die der Bericht erstattet wird, und denjenigen, die die Information zur Verfügung stellen. Das Zeugnisverweigerungsrecht und die Wahrnehmung des Berufsgeheimnisses sind Vorrechte des Journalisten, aber er hat für das einzustehen, was durch die Veröffentlichung von Angelegenheiten bestimmter Menschen an Folgen für deren Leben eintritt.

Die Freiheit der Berichterstattung setzt voraus, dass sie auch innerhalb der medialen Institutionen und Organisationen vom Medienschaffenden gegen seine Arbeitgeber und

Vorgesetzten in Anspruch genommen werden kann. Sie ist also ein institutionelles Strukturprinzip der Publizistik in einem freiheitlichen Rechtsstaat.

Die bewusst unwahre Darstellung ist weder durch das Informationsrecht noch die Informationspflicht gedeckt, ebenso wenig die leichtfertige Weitergabe unwahrer Nachrichten. Auch die Weitergabe von Meinungen und Werturteilen, über die nur berichtet wird, muss noch Grenzen einhalten, nämlich diejenigen, die durch das Persönlichkeitsrecht Dritter gezogen werden, gegen das etwa durch ehrverletzende oder diffamierende Äußerungen verstoßen wird.

Wo Bewertungen unumgänglich sind, hat immer noch das Prinzip der Fairness Geltung. Es verpflichtet zur ausgewogenen Berichterstattung zumindest in der Weise, dass man sich Rechenschaft darüber ablegt, inwieweit Tatsachen, die man der eigenen Bewertung zugrunde legt, mit Recht auch anders gesehen werden können.

Die Privatsphäre von Menschen, über die berichtet wird, begrenzt prinzipiell die Informationspflicht. Zur Privatsphäre gehören vor allem der Bereich der Familie und anderer persönlicher Bindungen, der Freizeit und des Freundeskreises, der Zustand der eigenen Gesundheit und die finanziellen Verhältnisse. Auch das Recht am eigenen Bild und Wort gehören dazu. Teilweise, aber nicht vollständig, besteht eine Ausnahme hinsichtlich von Personen, die sich in öffentliche, insbesondere politische Verantwortung begeben. Hier ist zwischen dem öffentlichen Interesse an Information über ihren Lebensbereich und dem ihnen wie jedem Menschen zustehenden Respekt vor ihrer Privatsphäre abzuwägen, und zwar im Sinne der allgemeinen Grundsätze des verantwortlichen Journalismus. Das öffentliche Interesse ist keine Rechtsgrundlage für die bloße Befriedigung von Neugier. Insbesondere werden die Grenzen des legitimen öffentlichen Interesses durch den Bereich gezogen, in den eine Persönlichkeit sich öffentlich begeben hat. So wird in der Politik die Überprüfung möglicher Korruption, privater Bereicherung und des Amtsmissbrauchs für persönliche Zwecke eine sachlich begründete Rolle spielen, während familiäre und private Lebensentscheidungen des Politikers letztlich Privatsache bleiben.

**Verwendete Literatur**

Bolz, Norbert. 1993. *Am Ende der Gutenberg-Galaxis. Die neuen Kommunikationsverhältnisse*. München: Fink.

Boventer, Herrmann. 1984. *Ethik des Journalismus. Zur Philosophie der Medienkultur*. Konstanz: Universitäts-Verlag.

Boventer, Herrmann. 1988. *Medien und Moral. Ungeschriebene Regeln des Journalismus*. Konstanz: Universitäts-Verlag.

Campurro, Rafael. 1987. *Information. Ein Beitrag zur etymologischen und ideengeschichtlichen Begründung des Informationsbegriffs*. München, New York, London, Paris: K. G. Saur.

Eurich, Claus. 1998. *Mythos Multimedia. Über die Macht der neuen Technik*. München: Kösel.

Funiok, Rüdiger. 2007. *Medienethik. Verantwortung in der Mediengesellschaft*. Stuttgart: Kohlhammer.

Greis, Andreas/G. W. Hunold/K. Koziol (Hrsg.). 2003. *Medienethik. Ein Arbeitsbuch*. Tübingen und Basel: Francke.

Holischka, Tobias. 2016. *CyberPlaces. Philosophische Annäherungen an den virtuellen Ort*. Bielefeld: transcript.

Margreiter, Reinhard. 2016. *Medienphilosophie. Eine Einführung*. Würzburg: Königshausen & Neumann.

Meyer, Thomas. 1962. *Die Inszenierung des Scheins. Voraussetzungen und Folgen symbolischer Politik*. Essay-Montage. Frankfurt a. M.: Suhrkamp. (= es 1666).

Postman, Neil. 1983. *Das Verschwinden der Kindheit*. Frankfurt a. M.: Fischer.

Postman, Neil. 1985. *Wir amüsieren uns zu Tode. Urteilsbildung im Zeitalter der Unterhaltungsindustrie.* Frankfurt a. M.: Fischer.
Rühl, Manfred und U. Saxer. 1981. 25 Jahre Deutscher Presserat. Ein Anlass für Überlegungen zu einer kommunikationswissenschaftlich fundierten Ethik des Journalismus und der Massenkommunikation. *Publizistik 1981/4*, S. 471–507.
Seiffert, Helmut. 1970. *Information über die Information. Verständigung im Alltag, Nachrichtentechnik, Wissenschaftliches Verstehen, Informationssoziologie, das Wissen des Gelehrten.* München: Beck.
Sturm, Hertha/K. Holzeuer/R. Helmreich. 1978. Emotionale Wirkungen des Fernsehens – Jugendliche als Rezipienten. München/New York: Saur – Schriftenreihe *Internationales Zentralinstitut für das Jugend- und Bildungsfernsehen;* Nr. 10.
Sturm, Hertha. 1979. *Wie Kinder mit dem Fernsehen umgehen: Nutzen und Wirkung eines Mediums.* Stuttgart: Klett-Cotta.
von Hentig, Hartmut. 1987. *Das allmähliche Verschwinden der Wirklichkeit.* 3. Aufl. Hamburg: Hanser.
Weizsäcker, Carl Friedrich von. 1979. Sprache als Information. In: *Die Einheit der Natur. Studien von Carl Friedrich von Weizsäcker.* München: Hanser.

# Literaturverzeichnis

Aristoteles. 1996. *Politik*. Übersetzt und hg. von O. Gigon. München: Deutscher Taschenbuch Verlag, 7. Aufl. (= dtv 2136).

Aristoteles. 2001. *Nikomachische Ethik*. Düsseldorf: Artemis & Winkler.

Augustinus. 1979. *Der Gottesstaat/De civitate Dei*. Zweiter Band. Hrsg. von C. J. Perl. Paderborn: Schöningh.

Balkenohl, Manfred. 2010. Der Hirntod – Zur Problematik einer neuen Todesdefinition. In *Handbuch für Lebensschutz und Lebensrecht*. Hrsg. M. Balkenkohl/R. Rösler, S. 469–486. Paderborn: Bonifatius.

Balkenohl, Manfred. 2010. Ist der Kranke ein Parasit der Gesellschaft? In *Handbuch für Lebensschutz und Lebensrecht*, Hrsg. M. Balkenkohl/R. Rösler, S. 537–541. Paderborn: Bonifatius.

Bauer, Axel W. 2016. *Normative Entgrenzung. Themen und Dilemmata der Medizin- und Bioethik in Deutschland*. Wiesbaden: Springer.

Birnbacher, Dieter (Hrsg.). 1980. *Ökologie und Ethik. 7 Aufsätze*. Stuttgart: Reclam (= UB 9983).

Bolz, Norbert. 1993. *Am Ende der Gutenberg-Galaxis. Die neuen Kommunikationsverhältnisse*. München: Fink.

Boventer, Herrmann. 1984. *Ethik des Journalismus. Zur Philosophie der Medienkultur*. Konstanz: Universitäts-Verlag.
Boventer, Herrmann. 1988. *Medien und Moral. Ungeschriebene Regeln des Journalismus*. Konstanz: Universitäts-Verlag.
Campurro, Rafael. 1987. *Information. Ein Beitrag zur etymologischen und ideengeschichtlichen Begründung des Informationsbegriffs*. München, New York, London, Paris: K. G. Saur.
Cicero. 1992. *De officiis/Vom pflichtgemässen Handeln*, lat.-dt. Übers., kommentiert und hrsg. von H. Gunermann, Stuttgart: Reclam (= UB 1889).
Descartes, René. 1996. Discours de la méthode pour bien conduire sa raison, et chercher la verité dans les sciences – Von der Methode des richtigen Vernunftgebrauchs und der wissenschaftlichen Forschung. In: R. Descartes. *Philosophische Schriften in einem Band. Mit einer Einführung von R. Specht*. Hamburg: Meiner.
Düwell, Marcus. 2008. *Bioethik. Methoden, Theorien und Bereiche*. Stuttgart: Metzler.
Eurich, Claus. 1998. *Mythos Multimedia. Über die Macht der neuen Technik*. München: Kösel.
Forschner, Maximilian. 1993. *Über das Glück des Menschen*. Darmstadt: Wissenschaftliche Buchgesellschaft.
Frankfurt, Harry G. 1993. Willensfreiheit und der Begriff der Person. In *Analytische Philosophie des Geistes*, 2. verb. Auflage, Hrsg. P. Bieri, S. 287–302. Bodenheim (Athenäum/Hain/Hanstein).
Funiok, Rüdiger. 2007. *Medienethik. Verantwortung in der Mediengesellschaft*. Stuttgart: Kohlhammer.
Gelhaus, Petra. 2006. *Gentherapie und Weltanschauung. Ein Überblick über die gen-ethische Diskussion*. Darmstadt: Wissenschaftliche Buchgesellschaft.

Greis, Andreas/G. W. Hunold/K. Koziol (Hrsg.). 2003. *Medienethik. Ein Arbeitsbuch*. Tübingen und Basel: Francke.
Habermas, Jürgen. 1973. *Legitimationsprobleme im Spätkapitalismus*. Frankfurt a. M.: Suhrkamp (= es 623).
Habermas, Jürgen. 1983. *Moralbewußtsein und kommunikatives Handeln*. Frankfurt a. M.: Suhrkamp (= stw 422).
Hähnel, Martin. 2015. *Das Ethos der Ethik. Zur Anthropologie der Tugend*. Wiesbaden: Springer VS.
Hare, Richard M. 1990. Abtreibung und die Goldene Regel. In *Um Leben und Tod. Moralische Probleme bei Abtreibung, künstlicher Befruchtung, Euthanasie und Selbstmord*, Hrsg. A. Leist, S. 132–156. Frankfurt a. M.: Suhrkamp.
Hastedt, Heiner. 1994. *Aufklärung und Technik. Grundprobleme einer Ethik der Technik*. Frankfurt a. M.: Suhrkamp (= stw 1141).
Hegel, Gottfried Wilhelm Friedrich. 1986. Grundlinien der Philosophie des Rechts. In: *G. W. F. Hegel, Werke in 20 Bänden*. Bd. 7. Frankfurt a. M.: Suhrkamp (= stw 607).
Heidegger, Martin. 1978. Vom Wesen und Begriff der ‚physis'. Aristoteles, Physik, B. 1. In: M. Heidegger, *Wegmarken*, 2. Aufl., S. 237–299. Frankfurt a. M.: Klostermann.
Heidenreich, Felix. 2012. *Wirtschaftsethik zur Einführung*. Hamburg: Junius Verlag.
Hentig, Hartmut von. 1987. *Das allmähliche Verschwinden der Wirklichkeit*. 3. Aufl. Hamburg: Hanser.
Hobbes, Thomas. 1984. *Leviathan oder Stoff, Form und Gewalt eines kirchlichen und bürgerlichen Staates*. Hg. und eingel. von I. Fetscher, Frankfurt a. M.: Suhrkamp (= stw 462).
Hoff, Johannes und J. in der Schmitten (Hrsg.). 1994. *Wann ist der Mensch tot? Organverpflanzung und Hirntodkriterium*. Reinbek bei Hamburg: Rowohlt.
Holischka, Tobias. 2016. *CyberPlaces. Philosophische Annäherungen an den virtuellen Ort*. Bielefeld: transcript.

Homann, Karl und Lütge, Christoph. 2005. *Einführung in die Wirtschaftsethik*. Münster: LIT.

Enzyklika „*Humanae vitae*" über die rechte Ordnung der Weitergabe menschlichen Lebens. 1968. Lat.-dt. von der deutschen Bischofskonferenz approbierte Übersetzung. Trier: Paulinus-Verlag (= Nachkonziliare Dokumentation Bd. 14).

Jäsche, Gottlieb Benjamin (Hrsg.). 1801. *Immanuel Kants Logik. Ein Handbuch zu Vorlesungen*. Königsberg: Reutlinger Nachdruck.

Jaspers, Karl. 1932. *Philosophie*. Bd. II: Existenzerhellung. Berlin: Julius Springer.

Jonas, Hans. 1979. *Das Prinzip Verantwortung. Versuch einer Ethik für die technische Zivilisation*. Frankfurt a. M.: Suhrkamp (= st 1085).

Kannengießer, Siegrid/L. Krainer/C. Riesmeyer/I. Stapf (Hrsg). 2016. *Eine Frage der Ethik? Interdisziplinäre Untersuchungen zu Medien, Ethik und Geschlecht*. Weinheim: Beltz Juventa.

Kant, Immanuel. 1983 [1788]. Grundlegung zur Metaphysik der Sitten. In *I. Kant, Werke in zehn Bänden,* Sonderausgabe, Bd. 7. Schriften zur Ethik und Religionsphilosophie. Hrsg. W. Weischedel. Darmstadt: Wissenschaftliche Buchgesellschaft.

Kant, Immanuel. 1983 [1788]. Kritik der praktischen Vernunft. In *I. Kant, Werke in zehn Bänden,* Sonderausgabe, Bd. 6. Schriften zur Ethik und Religionsphilosophie. Erster Teil. Hrsg. W. Weischedel. Darmstadt: Wissenschaftliche Buchgesellschaft.

Kant, Immanuel. 1983. Zum ewigen Frieden. Ein philosophischer Entwurf. In: *I. Kant. Werke in zehn Bänden.* Sonderausgabe, Bd. 9. Schriften zur Anthropologie, Geschichtsphilosophie, Politik und Pädagogik. Erster Teil.

Hg. von W. Weischedel. Darmstadt (Wissenschaftliche Buchgesellschaft), S. 195–251.

Kaufmann, Arthur. 1991. Die Naturrechtsdiskussion in der Rechts- und Staatsphilosophie der Nachkriegszeit In *Aus Politik und Zeitgeschichte. Beilage zur Wochenzeitung Das Parlament,* B 33, S. 3–17.

Knoepffler, Nikolaus/P. Kunzmann/I. Pies/A. Siegetsleitner. 2006. *Einführung in die Angewandte Ethik.* Freiburg i. Br./München: Karl Alber.

Knoepffler, Nikolaus. 2004. *Menschenwürde in der Bioethik.* Wiesbaden: Springer.

Konfuzius. 1989. *Gespräche* (Lun Yü). Nach der engl. Übers. v. J. Legge; hrsg. v. Klaus Bock. Kettwig: Phaidon.

Koslowski, Peter. 1988. *Prinzipien der Ethischen Ökonomie.* Tübingen: Mohr.

Kuhn, Thomas S. 1976. *Die Struktur wissenschaftlicher Revolutionen,* 2. Aufl. Frankfurt a. M.: Suhrkamp.

Lenk, Hans (Hrsg.). 1991. *Wissenschaft und Ethik.* Stuttgart: Reclam 1991 (= UB 8986).

Luhmann, Niklas. 1977. *Zweckbegriff und Systemrationalität. Über die Funktion von Zwecken in sozialen Systemen.* Frankfurt a. M.: Suhrkamp (= stw 12).

Luhmann, Niklas und R. Spaemann. 1990. *Paradigm lost: Über die ethische Reflexion der Moral.* Frankfurt a. M.: Suhrkamp (= stw 797).

MacIntyre, Alasdair. 1987. *Der Verlust der Tugend.* Frankfurt a. M./New York: Campus.

Margreiter, Reinhard. 2016. *Medienphilosophie. Eine Einführung.* Würzburg: Königshausen & Neumann.

McLuhan, Mashall. 1968. *Die magischen Kanäle.* Düsseldorf/Wien: Econ.

Merleau-Ponty, Maurice. 1964. *Das Sichtbare und das Unsichtbare.* München: Fink.

Merkel, Reinhard. 2003. Embryonenschutz, Grundgesetz und Ethik. Über verfassungsrechtliche Mißverständnisse und moralische Grundlagen im Streit um die Forschung an embryonalen Stammzellen. In *Menschenleben – Menschenwürde*, Hrsg. W. Schweidler/H. A. Neumann/ E. Brysch, S. 151–164. Münster/Hamburg/London: LIT.

Meyer, Thomas. 1962. *Die Inszenierung des Scheins. Voraussetzungen und Folgen symbolischer Politik*. Essay-Montage. Frankfurt a. M.: Suhrkamp. (= es 1666).

Mohr, Hans. 1987. *Natur und Moral. Ethik in der Biologie*. Sonderausgabe. Darmstadt: Wissenschaftliche Buchgesellschaft.

Nagel, Thomas. 1989. *The view from Nowhere*. Oxford: University Press.

Neurath, Otto. 1932/33. Protokollsätze. In *Erkenntnis*, Bd. 3, S. 204–214.

Platon. 1988. Der Staat. In *Platon, Sämtliche Dialoge*. Bd. V. In Verbindung mit K. Hildebrandt, C. Ritter und G. Schneider hrsg. und mit Einl., Literaturübersichten, Anmerkungen und Registern versehen von O. Apelt. Hamburg (Meiner).

Postman, Neil. 1983. *Das Verschwinden der Kindheit*. Frankfurt a. M.: Fischer.

Postman, Neil. 1985. *Wir amüsieren uns zu Tode. Urteilsbildung im Zeitalter der Unterhaltungsindustrie*. Frankfurt a. M.: Fischer.

Radbruch, Gustav. 1973. Gesetzliches Unrecht und übergesetzliches Recht. In G. Radbruch, *Rechtsphilosophie*, 8. Aufl. Hrsg. E. Wolf u. H. P. Schneider. Stuttgart: Köhler.

Ranisch, Robert. 2015. „Du sollst das beste Kind wählen." Eine Kritik des Pflichtbegriffs von Procreative Beneficience. In *Selbstgestaltung des Menschen durch Biotechniken*, Hrsg. R. Ranisch/S. Schuol/M. Rockoff, S. 191–208. Tübingen: Francke.

Rawls, John. 1971. *Eine Theorie der Gerechtigkeit*. Frankfurt a. M.: Suhrkamp. (= stw 27).
Rescher, Nikolas. 1985. *Die Grenzen der Wissenschaft*. Stuttgart: Reclam.
Reuter, Michael. 2001. *Abschied von Sterben und Tod? Ansprüche und Grenzen der Hirntodtheorie*. Stuttgart: Kohlhammer.
Ricœur, Paul. 1966. *Das Selbst als ein Anderer*. München: Wilhelm Fink.
Rühl, Manfred/U. Saxer. 1981. 25 Jahre Deutscher Presserat. Ein Anlass für Überlegungen zu einer kommunikationswissenschaftlich fundierten Ethik des Journalismus und der Massenkommunikation. *Publizistik 1981/4*, S. 471–507.
Scheler, Max. 1980 [1913/1916]. Der Formalismus in der Ethik und die materiale Wertethik. Neuer Versuch der Grundlegung eines ethischen Personalismus. In *M. Scheler, Gesammelte Werke*, Bd. 2, 6. durchges. Aufl. Bern/München: Francke.
Schweidler, Walter. 2001. *Das Unantastbare. Beiträge zur Philosophie der Menschenrechte*. Münster: LIT.
Schweidler, Walter. 2001. Die Wahrheit der Grenze. Zu den metaphysischen Implikationen des modernen Wissenschaftsbegriffs In *Religion – Metaphysik(kritik) – Theologie im Kontext der Moderne/Postmoderne,* Hrsg. Markus Knapp/Theo Kobusch, S. 169–186, Berlin/New York: de Gruyter.
Schweidler, Walter. 2003. Zur Analogie des Lebensbegriffs und ihrer bioethischen Relevanz. In *Menschenleben – Menschenwürde,* Hrsg. W. Schweidler/H. A. Neumann/ E. Brysch. S. 13–29. Münster/Hamburg/London: LIT.
Schweidler, Walter. 2006. Definition von Arzt und Patient aus philosophischer Sicht. In *Arzt und Patient. Eine Beziehung im Wandel,* Hrsg. V. Schumpelick/B. Vogel, S. 204–213. Freiburg im Breisgau: Herder.

Schweidler, Walter. 2006. Normkultur versus Nutzenkultur: Worüber streitet die Bioethik? In *Normkultur vs. Nutzenkultur,* Hrsg. Thomas Sören Hoffmann/Walter Schweidler, S. 3–28. Berlin/New York: de Gruyter.

Schweidler, Walter. 2012. *Über Menschenwürde. Der Ursprung der Person und die Kultur des Lebens.* Weinheim: VC.

Schweidler, Walter. 2014. *Der gute Staat. Politische Ethik von Platon bis zur Gegenwart,* 2. Aufl. Wiesbaden: Springer VS.

Schweidler, Walter (Hrsg.). 2014. *Zeichen – Person – Gabe. Metonymie als philosophisches Prinzip.* Freiburg/München: Karl Alber.

Schwemmer, Oswald. 1987. *Handlung und Struktur. Zur Wissenschaftstheorie der Kulturwissenschaften.* Frankfurt a. M.: Suhrkamp (stw 669).

Seidel, Johannes. 2010. *Schon Mensch oder noch nicht? Zum ontologischen Status humanbiologischer Keime.* Stuttgart: Kohlhammer.

Seiffert, Helmut. 1970. *Information über die Information. Verständigung im Alltag, Nachrichtentechnik, Wissenschaftliches Verstehen, Informationssoziologie, das Wissen des Gelehrten.* München: Beck.

Shewmon, Alan. 2003. „Hirnstammtod", „Hirntod" und Tod: Eine kritische Re-Evaluierung behaupteter Äquivalenz. In *Menschenleben – Menschenwürde,* Hrsg. W. Schweidler/H. A. Neumann/E. Brysch, S. 293–316. Münster/Hamburg/London: LIT.

Singer, Peter. 1994. *Praktische Ethik.* Aus dem Engl. übers. von J.-C. Wolf/O. Bischoff/D. Klose. erweit. Ausg. Stuttgart: Reclam (= UB 8033).

Spaemann, Robert. 1989. *Glück und Wohlwollen. Versuch über Ethik.* Stuttgart: Klett-Cotta.

Spaemann, Robert. 1991. Sind alle Menschen Personen? Über neue philosophische Rechtfertigung der Lebensvernichtung. In *Tüchtig oder tot? Die Entsorgung des Leidens.* Hrsg. J.-P. Stössel. Freiburg/Basel/Wien: Herder.

Spaemann, Robert. 1996. *Personen. Versuche über den Unterschied zwischen „etwas" und „jemand".* Stuttgart: Klett-Cotta.

Spaemann, Robert. 2006. Was ist philosophische Ethik? In *Ethik. Lehr- und Lesebuch,* Hrsg. Ders./Walter Schweidler, S. 11–21. Stuttgart: Klett-Cotta.

Spaemann, Robert. 2010. Ist der Hirntod der Tod des Menschen? In *Handbuch für Lebensschutz und Lebensrecht,* Hrsg. M. Balkenkohl/R. Rösler, S. 487–502. Paderborn: Bonifatius.

Spaemann, Robert und W. Schweidler (Hrsg.). 2014. *Ethik. Lehr- und Lesebuch,* Stuttgart: Klett-Cotta. 2.2.3 Begründungsprobleme der Handlungsethiken.

Stegmüller, Wolfgang. 1969. *Metaphysik, Skepsis, Wissenschaft,* 2. Aufl. Berlin: Springer.

Steigleder, Klaus und D. Mieth (Hrsg.). 1991. *Ethik in den Wissenschaften. Ariadnefaden im technischen Labyrinth,* 2. Aufl. Tübingen: Attempto.

Sturm, Hertha/K. Holzeuer/R. Helmreich. 1978. *Emotionale Wirkungen des Fernsehens – Jugendliche als Rezipienten.* München/New York: Saur – Schriftenreihe Internationales Zentralinstitut für das Jugend- und Bildungsfernsehen; Nr. 10.

Sturm, Hertha. 1979. *Wie Kinder mit dem Fernsehen umgehen: Nutzen und Wirkung eines Mediums.* Stuttgart: Klett-Cotta.

Sutor, Bernhard. 1991. *Politische Ethik. Gesamtdarstellung auf der Basis der Christlichen Gesellschaftslehre.* Paderborn: Schöningh.

Taboada, Paulina. 2003. Stammzellforschung und Menschenwürde. In *Menschenleben – Menschenwürde*, Hrsg. W. Schweidler/H. A. Neumann/E. Brysch, S. 129–149. Münster/Hamburg/London: LIT.

Thomas von Aquin. 1990. *Über die Sittlichkeit der Handlung.* Summa Theologiae I–II q. 18–21. Einleitung von R. Spaemann. Übersetzung und Kommentar von R. Schönberger. Weinheim: Acta Humaniora.

Tooley, Michael. 1990. Abtreibung und Kindstötung In *Um Leben und Tod. Moralische Probleme bei Abtreibung, künstlicher Befruchtung, Euthanasie und Selbstmord*, Hrsg. A. Leist, S. 157–195. Frankfurt a. M.: Suhrkamp.

Wagner-Westerhausen, Katja. 2008. *Die Statusfrage in der Bioethik.* Berlin: LIT.

Weizsäcker, Carl Friedrich von. 1979. Sprache als Information. In *Die Einheit der Natur. Studien von Carl Friedrich von Weizsäcker.* München: Hanser.

Wittgenstein, Ludwig. 1970. *Über Gewißheit.* Frankfurt a. M.: Suhrkamp.

Wolf, Jean Claude. 1991. Sterben, Tod und Tötung. In *Praktische Philosophie. Grundorientierungen angewandter Ethik*, Hrsg. K. Bayertz, S. 243–277. Reinbek bei Hamburg: Rowohlt.

MIX
Papier aus verantwortungsvollen Quellen
Paper from responsible sources
FSC® C105338

If you have any concerns about our products,
you can contact us on
**ProductSafety@springernature.com**

In case Publisher is established outside the EU,
the EU authorized representative is:
**Springer Nature Customer Service Center GmbH
Europaplatz 3, 69115 Heidelberg, Germany**

Printed by Libri Plureos GmbH
in Hamburg, Germany